JN440499

대나무 시 쓰듯

메드나무 시 쓰듯

장병선 수필집

한국문화사

대나무 시 쓰듯

초판발행 2020년 4월 30일

지 은 이 장 병 선
펴 낸 이 김 진 수
펴 낸 곳 **한국문화사**
등 록 제1994-9호
주 소 서울특별시 성동구 광나루로 130 서울숲IT캐슬 1310호
전 화 02-464-7708
팩 스 02-499-0846
이 메 일 hkm7708@hanmail.net
홈페이지 hph.co.kr

책값은 뒤표지에 있습니다.

ISBN 978-89-6817-872-6 03810

이 도서의 국립중앙도서관 출판예정도서목록(CIP)은 서지정보유통지원시스템 홈페이지(http://seoji.nl.go.kr)와 국가자료공동목록시스템(http://www.nl.go.kr/kolisnet)에서 이용하실 수 있습니다.
(CIP제어번호 : CIP2020015439)

책을 내면서

아홉 번째 수필집을 묶는다.

지난 2년간 쓴 글이다. 꼭지를 세어보니 60편에 이른다. 한 부에 10편씩 '6부'로 나눠 담는다.

옹졸한 변명이지만, 아직도 사물의 깊은 데를 짚지 못하고 피상적인 단상을 더듬으며 미숙하게 표현한 글이지 싶다. 그런 떫은 감을 따는 까닭은 비워내야 또 채울 수 있기 때문이다. 책상 주위에 많은 원고가 나를 쳐다보고 있다. '시집가고 싶다'라고 하면서.

설익은 글, 많이 채찍질해 주시기 바라며, 감히 또 한발 다가서도록 응원해 주시기를 바란다.

제 수필집 발간을 기꺼이 맡아주신 한국문화사 김진수 사장님을 비롯한 임직원 여러분에게 고마움을 전한다. 아울러 책명을 써 주시고 표지화를 그려주신 수암 장순월 선생님께 감사를 드린다.

2020년 봄날

월미 농장에서 장병선

차례

3부 찔레꽃, 그 향기가 일깨운 소리

4부 봄의 언어들

5부 호박, 그도 타향 나도 타향

6부 단풍 앞에서

1부
그렇게 시동이 걸린다

"저 바다 끝으로 가면
어디로 갑니까?"
"일본과 하와이를 거쳐
미국까지 갈 수 있지."
"우리도 외국에 한번
가봤으면 좋겠습니다."
"그러지"라고 답한다.

그림: 장용준

공 구르듯이

둥근 세상을 둥글둥글하게 살아갈 일이다.

이른 아침 산책길, 여의도공원 '문화의 마당'에 들어선다. 먼저 나온 이웃 노인이 하얀 머리칼을 날리며 혼자 공을 찬다. 또르르 구른다. 달려가 또 찬다. 또르르 또르르~ 잘 굴러간다.

둥글기에 잘 구른다.

잘 구르는 게 공뿐이겠는가. 자전거 바퀴도, 오토바이 휠도, 자동차 타이어도 둥글어 잘 구른다. 하늘의 해도 달도 둥글기에 잘 돈다. 우리가 사는 지구도 둥글어 어김없이 돌고 돈다. 한 바퀴가 360°다. 한 시간에 15°씩 회전하여 1회전 하는 데 24시간이 걸린다.

이처럼 다 둥글게 잘 돌아가는데 나도 그런가? 얼굴과 머리는 둥글지만, 어째 둥글게 살지는 못하는 것 같다. 가다가 비틀거리거나 똑바로 나아가지 못하고 더러 멈춰서기도 한다. 내 삶의 길을 운전하는 마음이 두루뭉술하지 못한, 모난 성격 때문이다. 그러기에 살아가면서 부딪치며 말썽을 부린다.

자신이 온전하지 못하면서 눈에 거슬리는 남의 행동을 그냥 지나치지 않는다. 한 마디씩 말을 건넨다. 마치 어른이 아이들에게 주의를 주듯. 번잡한 길에서 내 앞으로 다가오는 사람과 마주치면 "우측통행을 합시다", 전철 안에서 큰 소리로 떠드는 사람들에겐 "조용히 합시다", 버스 정류장 의자에 컵이나 빈 병을 놓고 승차하는 이에게 "쓰레기를 제자리에 버립시다" 등등.

그러다가 시비에 휘말린다. 옳고 그름을 따지며 다툰다. 모난 마음 한 가닥이 긁히고 찢긴다. 그렇게 상처받은 마음이 스트레스로 부풀어 밤잠을 설치며 앓는다.

그런 날 아침이면 '공처럼 둥글둥글하게 살아가야 할 텐데'라며 후회한다. 해도 달도 둥글어서 늘 잘 도는데, 나는 왜 이럴까? '요즘 어른이 없다'라는 말이 안타깝긴 하지만, 자책하기 한두 번이 아니다. 둥근 건 잘 구르거나 돌기 위한 수단일 뿐 아니라 몸과 마음을 하나로 뭉쳐주기도 한다.

강강술래가 그러하다.

하늘에 소원을 빌고자 서로 손을 맞잡고 둥글게 원을 만들어 돌면서 기쁨을 함께 나누고, 소원 성취를 기원하던 우리의 오랜 전통이다. 이웃과 화합하는 방법이기도 하다. 둥글게 사는 게 우리의 전통이요, 자연의 가르침이다. 알차게 익는 열매도 둥근 모양이니까.

감·사과·배·버찌 다 그러하다. 이 나이에, 성숙의 계절에 내 마음은 얼마나 익고 있을까. 둥글게 익을 기미나 있는가, 이웃과 잘 지내고

자 강강술래는 못 할지라도, 손이라도 잡아 보는가? 아직도 '어른입네' 하고 남에게 지도하려는 모난 성깔을 깎아내지 못하고 사는 자신이 아닌가!

고개를 주억거리며 공에서 한 수 배운다. 제발 이제 긁히고 찢기지 않도록 성깔을, 마음의 결을 둥글게 다듬자. 모난 데를 사포砂布로 박박 밀자. 아니 정釘으로 쪼자, 석공이 돌을 쪼듯이. 그렇게 하면 나도 앓지 않고 굴러가겠지만, 은근히 걱정이다. '어른이 없다'란 말을 못 들은 척해야 할 테니. 그러나 어찌하겠는가. 감수해야지.

'문화의 마당'을 나서며 나도 공을 차 본다. 또르르 구른다. 또 차 본다. 또르르 또르르~ 잘 굴러간다. '나도 공처럼 굴러갔으면' 한다.

소 타던 정승

지난 역사에서 이름난 청백리 정승이 여럿 있었지만, 행차 때 말 대신 소를 탔다는 정승 이야기는 처음 듣는다. 내 마음에 파문을 일으킨다.

맹사성孟思誠*이 장본인이다. 우리나라에서 가장 오래된 살림집인 그의 고택(충남 아산시 중리, 옛 온양) 앞에서 해설사의 설명을 듣는다. 그 얘기 중 "맹사성 정승이 소를 타고 고향에 다녔다"는 사실에 놀란다. 온양 태생인 정승은 성격이 소탈하여 번거로운 행차를 싫어했을 뿐 아니라 민폐를 우려하여 그가 키운 검정소를 타고 고향의 부모를 찾아뵈었다는 겸허한 행차에 감동한다.

성공한 정승이 고향 가는 길이라면 말을 타고, 수행원을 줄 세워 다니며 뽐낼 만도 했지만, 그러하지 않았다. 그가 우의정 때 고향을 찾넌 날에 있었던 일이다. 그날도 민폐를 우려하여 관아에 들르지 않고 소를 타고 내려오던 중이었다. 양성陽城(안성)과 진위振威(평택)의 두 고을 수령이 미리 알고 장호원長湖院에서 기다리고 있었다. 마침 허름한 옷차림의 늙은이가 소를 타고 지나가자 수령이 하인을 보내 꾸짖었다.

"무엄하다. 한양에서 재상이 내려오시는데 어찌 시골 늙은이가 먼저 길을 가느냐?"

지나가던 늙은이는 빙긋이 웃으면서 하인에게 말했다.

"가서 온양에 사는 맹고불孟古佛(맹사성의 아호)이라 일러라."

정승임을 알아챈 두 수령이 놀라고 당황하여 쫓아가다가 한 수령이 언덕 아래 깊은 연못에 관인官印을 떨어뜨렸다. 후세 사람들이 그 연못을 인침연印沈淵이라고 불렀다는 사실을 국조명신록國朝名臣錄에 기록하고 있다.

맹사성은 마음이 청결하고 간고簡古하였다. 살림살이에 신경 쓰지 않았다. 식량은 늘 녹미祿米를 먹었다. 어느 날 햅쌀로 밥을 지어드렸더니 "어디에서 쌀을 얻어왔느냐."라고 물었다. 부인이 "녹미가 심히 묵어서 먹을 수 없기에 이웃집에서 빌렸나이다."라고 답하였다. "이미 녹을 받았으니 그 녹미를 먹는 것이 의당한 일인데 무엇 때문에 빌리었소"라며 꾸짖었다.

효심 또한 지극하여 어머니가 돌아가시자 7일간 단식하고 시묘살이를 하였다. 늙고 병든 아버지의 간호를 이유로 사직을 청했지만 받아들여지지 않았다. 태종은 그를 충청도 관찰사로 임명하여 약을 주면서 고향 아버지를 보살피도록 배려했다.

그 후 맹사성은 세종 11년 궤장几杖을 하사받고 일흔이 넘는 고령에도 재상으로 나라에 봉사했다. 세종 13년 황희가 영의정에 오르면서 맹사성은 권진權軫과 함께 좌·우의정에 올랐다, 이때 맹사성은 황희와 더불어 관리의 기강을 바로잡아 유교 통치이념을 바탕으로 정치를 펼쳐나갔다.

늘 검소하고 겸손하게 생활해서일까? 그의 관직 생활은 승승장구하였다. 27세에 문과에 장원급제한 후 이조, 예조, 병조 등의 판서(장관)를 거쳐 세종 때 우의정·좌의정을 지냈다. 그렇게 빛난 자리에 앉았지만, 비가 새어 의관을 적시는 협소한 집에서 살았다.

언제나 간소한 차림으로 검은소를 타고 피리를 불었다. 고아한 인품을 가진 재상으로 우리나라의 대표적인 청백리였다. 조선왕조 500년 동안 수많은 정승이 있었지만, 이름 뒤에 정승이란 호칭을 꼭 붙이는 이는 단 네 명이었다. 맹사성, 황희, 이원익, 상진尙震의 4정승을 꼽았다.

이처럼 정치의 흐름을 타고 정치를 즐길 줄 알았던 맹사성은 세종 17년 고령을 이유로 좌의정을 사직하였다. 온양으로 귀향하여 시를 읊고 악기를 불며 풍류를 즐겼다. 자연을 벗 삼아 살아가면서 임금의 은혜에 감사하는 시조를 썼다. 제목이 [강호사시가江湖四時歌]로 우리나라 연시조聯時調의 효시가 되었다. 4수 중 1수를 적는다.

> 강호에 봄이 드니 미친 흥이 절로 난다 (강호에 봄이 드니 깊은 흥이 절로 난다)
> 탁로계변에 금린어 안주 삼고 (시냇가에서 막걸리를 마시니 금란어가

안주로다)

이 몸이 한가해옴도 역군은亦君恩이샷다 (이 몸이 한가롭게 지냄도 임금님 은덕이시다)

오늘 창작수필문인회 <2019 봄 문학탐방>에 참가하여 현충사를 거쳐 여기 맹사성의 고택에 서 있다. 600여 년의 쌍雙 은행나무 곁에서 듣는 '소 타던 정승'의 소박한 삶과 그의 과시욕을 잠재울 수 있었던 내면의 강기가 내게 일침을 준다. "당신은 고향 갈 때 무엇을 타고 갔느냐?"는 그 물음, 그 닦달이 가슴에 저민다. 아니 새벽잠 설치며 예까지 온 보람을 느끼게 한다.

그도 그럴 것이 나는 고향을 찾을 때면 소는 차치하고 대중교통도 아닌, 분에 넘치는 최신 모델 대형 승용차를 몰고 갔으니, 남에게 드러내 보이려는 과시일 것이다. 차뿐이 아니라 차림도 그러하고, 그동안 객지에서 한 일의 부풀림이 한둘이 아니다. 주위 사람들에게 가진 것보다 더 많게, 더 화려하게 보이려고 애쓰지 않았나. 겸손하지 못한 하수의 포장술包裝術이다.

늦었지만 지금부터라도 허세를 줄이고 가진 것보다, 아는 것보다 적게, 겸허하게 처신해야겠다. 맹사성처럼. 또한, 그의 시조에서 읊었듯이 나라에 대한 은덕도 고맙게 여겨야겠다. 맹고불 정승이 네 임금을 섬긴 '청빈'과 '온유'의 마음가짐을 조금이라도 본받을 수 있는 건 이번 문학 탐방에서 얻은 교훈이요, '내 마음 파문'의 소산이다.

*맹사성: 조선 전기의 재상 (1360~1438), 최영崔瑩 장군의 손녀사위, 세종 때 우의정·좌의정을 지냈으며, 황희와 함께 조선 전기 문화 창달에 크게 기여하였고, 성품이 청백·검소하기로 이름이 났다. ≪태종실록≫을 편찬하였으며, 작품에 <강호사시가>가 있다.

서랍을 정리하며

새해다.

차례를 지내고 책상에 앉는다. 해가 바뀌면 누구나 마음을 가다듬게 된다. '올해는?' 하고 스스로 묻는다. 산만한 주위를 정리하고픈 생각이 든다. 쓰지 않는 채 오래 보관하는 것을 치우고 새로운 걸 채워가야겠다는 바람이다. 손댈 곳이 한두 군데가 아닌 것 같은데 막상 '이것'이라고 떠오르지 않는다.

멍하니 궁리하다가 주위를 두리번거린다. 불쑥 책상 서랍을 당긴다. 잡동사니가 가득하다. 갖가지 포스트잇·인덱스 카드·마른 볼펜·사인펜·몽당연필·공짜로 받은 물휴지·메모지…. 욕심내어 받아온 판촉물이 대부분이다. 내 속내의 실상을 보는 듯하다.

종이에 선을 쭉쭉 그어보며 잉크 마른 펜을 하나씩 휴지통에 넣는다. 세 개나 있는 플라스틱 자도 두 개를 버린다. 여러 개 있는 때문은 지우개도 몽땅 들어낸다. 색종이 나부랭이, 크고 자은 메모지와 색바랜 명함들을 다 끄집어내니 서랍 안이 훌빈하다. 내 마음마저 시원하다. 쓸모없이 쌓인 게 어디 서랍의 문구만일까?

내 '마음 서랍'에도 과욕으로 빚은 잔재殘在가 한둘이 아닐 것이다. 소화하지 못할 큰 제목으로 글을 쓰겠다고 머리를 짜다가 한쪽으로 밀어놓은 생각의 편린들. "이제 줄여가야 할 때"라고 일러주는 아내나 이웃의 제언을 고맙게 생각하지 않고, 오히려 잔소리나 반박으로 여긴 외골수의 마음에 맺힌 멍울들. 남에게 주고 베푸는 것보다 더 많은 걸 얻으려는 부엉이 같은 욕심의 마음 보따리들…. '이참에 좀 덜어내자.'

새해다. 때가 아닌가. 비워야 채울 수 있다. 서랍도 비우고, 마음도 비운 가벼운 걸음으로 새 출발을 해야겠다. 안달복달하며 채워서 비우는 게 우리네 인생이 아닌가.

만남, 길 열어가는

인생 여정에 만남만큼 중요한 게 또 있을까?

부모나 자식처럼 필연으로 만나기도 하지만, 삶의 여로에서 누군가를 우연히 만나 갈 길을 열어가기도 한다.

이승만 초대 대통령 이야기.

한학을 공부하던 그는 스무 살 되던 1895년 5월, 헨리 아펜젤러Henry G, Appenzeller(미국 감리교 목사)가 설립한 배재학당 영어과에 입학한다. 그 이듬해 서재필徐載弼(1864~1951) 스승을 만난다. 스승은 1884년(고종 21년) 김옥균, 박영호 등과 같이 혁신 정부를 세우고자 갑신정변을 일으킨다. 하지만 그 쿠데타의 실패로 미국에 망명한다. 거기에서 한국인 최초의 의학박사가 된다. 개화파 지식인인 스승으로부터 서구 자유민주주의 강의를 듣고 감명받는다.

이승만 전 대통령은 당시를 이렇게 회고했다.

"배재학당에 영어를 배우고자 입학했는데, 영어보다 훨씬 중요한 것을 배웠다. 그것은 정치적 자유라는 사상이었는데, 너무나 혁명적인 것이었다. 우리나라도 그 같은 정치적 원칙을 따를 수 있다면 얼마나 좋을까라고 생각했다.” (이정식, <독립투사 서재필>, 211~220쪽)

그 생각이 길을 열었다. 이승만은 미국으로 건너가 선진 문물을 공부하였다. 프린스턴대학에서 철학박사 학위를 받았다. 1919년 3월 하와이에서 대한민국 독립선언식을 했다. 이어서 워싱턴, 중국 상하이上海를 전전하며 우리나라 독립을 위해 많은 활동을 했다. 그 결과로 대한민국의 초대 대통령에 취임할 수 있었다. 배재학당에서 서재필 스승을 만나 길을 열어간 덕분이었다.

2016년 3월, 영화 <동주>를 본다.

윤동주와 송몽규는 사촌간이다. 한집에서 석 달 간격으로 태어나서 만주 북간도에서 유년기를 같이 보냈다. 나란히 연희 전문학교 문과에 들어갔다. 송몽규가 먼저 길을 열었다. 1935년 동아일보 콩트 부문 신춘문예에 ‘숟가락’으로 당선했다. 송몽규의 당선은 윤동주에게 큰 자극을 줬다.

그 영향일까? 윤동주는 1941년 북아현동 그의 하숙집에서, 대표작 ‘서시’, ‘별 헤는 밤’ 등의 명시를 지었으니. <동주>와 몽규는 절친한 친구이자 맞수(라이벌)로서, 서로에게 가야 할 ‘문학의 길’을 열어간 안내자다. ‘만남’의 상승효과다.

나 또한 우연히 동창을 만나 글을 쓰게 됐다.

2002년 송년 모임에서다. 대학 동창 S의 등단지(창작수필) 한 권을 받는다. 그 책을 보고 '이 길이다'라며 동아문화센터에 등록한다. 그로부터 수필을 배워가며 쓰게 되었으니, 동창을 만난 게 문학의 길을 연 것이다.

이처럼 만남은 길을 연다. 이승만 전 대통령은 서재필 스승을 만나 미국 길을. 윤동주는 송몽규를 만나 시詩의 길을, 나는 송년회 모임에서 동창을 만나 수필의 길을.

만남, '길 열어가는 만남'이다. 아침마다 길 나서며 은근히 기대한다. '오늘은 어떤 이를 만날 수 있을까.'

칡의 정상 오르기

정상 오르기는 쉽지 않다.

산 정상만 해도 땀 뻘뻘 흘리며 깔딱고개를 넘고 넘어야 산정山頂에 올라 성취의 기쁨을 맛볼 수 있다. 그만큼 힘든 일이기에 '정상 정복'이라 한다. 서서 걷는 인간도 그러한데 하물며 똑바로 서지 못하는, 옆으로 기는 덩굴식물이야 더할 나위 없다. 그러한데 단단한 담도 아닌 흔들거리는 나뭇가지를 붙들고서 오르고 또 오른 '칡의 정상 오르기'는 놀랄만한 '정상 정복'의 성취가 아니겠는가.

성취다. 기적 같은 정복이다.

주인공 칡은 경기도 시흥에 산다. 내 농장 입구, 물왕저수지 버스 정류장 길가가 제 터전이다. 가로수로 줄 선 벚나무에 칡넝쿨이 엉켜 있다. 뾰족뾰족 고개 쳐든 활촉 모양의 순筍이 경쟁하듯 벚나무 줄기와 가지에 매달린다. 한두 뼘가량 고개 쳐들고 위로 향하다가 주위에 손(순)이 닿을 만한 나뭇가지가 보이면 성큼성큼 자란단다. 제 몸집

(줄기)을 줄여가면서 위로 쭉쭉 뻗는 끈기는 '성장의 열망'이다.

"하루 50cm나 자라기도 한다"라는 마을 사람 얘기를 듣고 나서부터 농장을 오가며 그의 성장을 살핀다. 땅 위를 기거나 곁에 있는 나무나 숲에 기대여 크는 게 그의 운명인데 예의 칡은 '정상 지향志向'이다. 벚나무 줄기에 기어오르다가 윗가지와 가까이 있는 옆 가지를 타고 위로 오르고 또 오른다. 한 계단씩 올라선다. 어느덧 3.5m쯤 돼 보이는 벚나무 중간 위치까지 오른 칡!

저렇게 성장하는 칡에 비하면 내 삶은 침체된 듯하다. 퇴직 후 다람쥐 쳇바퀴 돌듯 그날이 그날 같은 삶이라 그런지, 여름 휴가지에서도 궁금하다. 지금쯤 칡은 벚나무의 정상에 올랐을까.

열흘간 바닷바람을 쐬고 돌아오니, 나 보란 듯이 칡 두 줄기가 벚나무 맨 윗가지에 올라서서 머리(순)를 곧두세우고 있다. 눈 부신 햇살을 흠뻑 들이마시고 있다. 열망하던 정상에 올라선 승자다. 벚나무 머리 부분의 아래가지와 맨 윗가지 사이로 파란 하늘이 보인다. 저 공간, 50cm도 더 돼 보이는 뻥 뚫린 허공 윗가지에 어떻게 손을 뻗쳤을까, 자세히 쳐다본다.

칡만의 힘으로 오른 게 아니었다. 도움을 받았나. 보람된 일로 여겼는지, 딱하게 생각했는지 거미가 벚나무 정상 부분의 위아래 가지 사이(약 50~60cm)에 다리를 놨다. 아래 가지까지 올라온 칡 순이 그 거미줄을 타고 정상에 올랐다. 거미줄이 칡 줄기가 기어오를 길을 터준 것이다. 그렇게 정상에 오른 칡이 삶의 과녁도 없이 사는 나를 자극한다. 땅을 기던 칡도 층층의 난관을 뚫고 정상까지 오르는데….

추측건대 칡이 거미에게 도움을 청했지 싶다. 왕거미한테 "좀 도와주세요"라며 머리(순)를 굽신거리며 간청했을 것이다. 손짓 몸짓 다 해가며 거미의 마음을 움직였을 것이다. 그 거미줄 가교에 칡이 줄기를 덧대었으니 까마귀와 까치가 은하수에 놓는다는 칠석날의 오작교보다 더 튼튼한 다리다. '열망'은 이처럼 기적을 낳는다.

거미는 영리한 동물이다. 그 다리 놓기 공사도 궁합이 잘 맞은 성싶다. 서로의 이해가 맞아떨어졌을 것이다. 정상은 누구나 바라는 목표다. 한 조직의 장도, 한 나라의 수뇌도 정상이기에 누구나 바라는 자리다. 거미인들 그런 정상을 꿈꾸지 않았을까. 그렇다면 거미는 이 다리를 타고 정상에 오르내릴 꿈을 성취한 셈이다. 낮이면 벚나무 꼭대기에 올라 햇볕을 쬐고, 밤이면 하늘 가득 펼쳐지는 달과 별의 세계를 쳐다볼 수 있게 됐다.

칡 또한 소원성취요, '정상 정복'이다. 식물은 광합성하여 얻은 에너지로 성장하기에 햇볕은 식물에게 생명과 같다. 그 햇볕을 그늘 하나 없는 정상에서 마음껏 받아들일 수 있게 됐으니 그 이상의 성취가 또 있겠는가. 거미도 칡도 정상에 오른 공동의 성취다.

성취자가 정상에서 누리는 건 에너지의 어머니, 태양만이 아니다. 아득히 펼쳐진 넓은 들판을, 세상을 내려다보는 승리감을 느낀다. 높은 데서 굽어보는 성취의 쾌감을 맛본다. 꽃처럼 몽글몽글 피어오르는 저수지의 물안개도 가슴 가득 품는다. 거미도 칡도 이런 '정상 성취'의 기쁨을 맛보는 듯하다. 나는 아직 어느 한 정상에 올라 보지 못해 실감이 덜할지는 몰라도, '야호~' 하는 산 정복의 통쾌감을 익히 알고 있다.

그런데 나는 태평이다. 기는 칡도 정상에 오르는데 서서 걷는 나는 무엇에 집중하고 있는가? 가늠이 안 된다. 나는 요즘 조경수 키우는 밭일과 글쓰기로 소일하고 있다. 나름대로 부지런히 쫓아다니지만 뚜렷한 목표의식이 없지 않은가. 이를테면 천 년을 산다는 주목을 잘 키워 나무 시장에서 최고가를 받는다든가, 문학 분야도 한 장르에서 명성 높은 작가의 문학상을 수상한다든가, …. 삶의 면면에 깔딱고개가 있고, 정상도 있다. 다만 목표를 설정하고 꼭 올라야 한다는 열망이 있느냐이다. 칡과 같은.

칡의 '정상 오르기'는 한 편의 성공 드라마다. 칡의 주연(열망)으로 거미의 조연(협력)으로 이룬 드라마는 '정상 정복'이다. 목표 성취요, 경사다. 겹겹의 경사다.

어찌 보면 내 삶의 '정상 오르기'도 저러해야 하지 않을까. 목표를 정해, 한 길 건너 계단 오르고, 한 굽이 돌아 언덕 오르고, 이 산 저 산 깔딱고개를 오르고 또 올라, '정상 정복'을, '겹겹의 경사'를 맞이할 일이다. 쉽지 않겠지만.

수필집 교정을 보면서

'번역 투의 말과 외래어가 왜 이렇게 많을까?' 수필집 교정을 보면서 혼잣말을 한다.

글 쓴 지 20여 년이 넘었다. 10년이면 강산도 변한다고 하는데, 오랫동안 사용해 오던 잘못된 언어 습관이 쉽게 바뀌지 않는다. 문장 군데군데 번역 투가 눈에 띈다. 일어 투의 말로 '그로 인해', '이 맛을 내기 위하여'라고 썼다. 우리말로 '그로 말미암아, 이 맛을 내고자'라고 써야 했다. 영어 투의 말로는 '밟을 수 없을 것이라고', '이어 준 것이라고'로 썼다. 이 말도 '밟을 수 없으리라. 이어 준 것으로'라고 써야 옳았다. 이런 번역 투의 말을 고치다 보니 교정지가 빨갛다.

번역 투의 말이 습관화된 데는 까닭이 있다. 우리말을 배운 시간보다 외국어 공부를 한 시간이 훨씬 더 길다. 초등학교 저학년低學年 때 일어를 배웠고, 중학생 때부터 10여 년간 영어를 배웠다. 그것만이 아니었다. 직장에서도 외국어를 자주 쓰는 코트라(대한무역진흥공사)

에서 국내외를 드나들며 일어, 영어를 사용했기 때문이었다.

번역 투의 말만이 아니다. 외래어도 이 문단, 저 문단에 들어 있다. 영어에서 온 비즈니스Business, 리스크Risk, 빅딜Big deal, 쿼터Quota, 핸드폰Hand phone, 이벤트Event, 하이테크Hightech, 콘텐츠Contents 등. 일어에서 온 수출선輸出先, 판매망販賣網, 구입購入 등등.

외래어 중 순화된 우리말을 놔두고 외래어를 그대로 썼다. '참살이'를 '웰빙'으로, '누리집'을 '홈페이지'로, '다 걸기'를 '올인'으로, '안전문'을 '스크린도어'로.

특히 많이 쓴 '해외海外'란 말은 일본말이다. 일본이 섬나라이기에 외국을 '해외'라고 부른 데서 비롯된 말이다. 우리나라는 섬나라가 아닌데 나는 해외여행, 해외 출장, 해외 시찰 등 그 말이 마치 우리말인 양 여러 문장에 썼다. '해외'는 우리말로 '외국' 또는 '국외'로 다듬어진 지 꽤 오래됐다. 1999년 표준 국어대사전에 순화된 말로 올라 있으니 아마도 10년도 훨씬 더 된 것 같다.

이것만이 아니다. 우리의 쉬운 말이 있는데도 굳이 한자의 어려운 말을 썼다. '발자취'를 '족적'으로, '국기를 달았다'를 '국기를 게양하였다'로, '지나고서'를 '지난 후'로 '일꾼'을 '인부'로, '날미다'를 '배일처럼'으로, '다음해'를 '익년'으로 '올림'을 '인상'으로 썼다.

쉬운 말, 다듬어진 말을 쓰는 것은 그 사람의 어휘 능력이다. 국어 실력이기도 하다. 쉬운 말로 누구나 바로 알아들을 수 있는 말을 쓰는 것은 서로 이해의 폭을 넓히는 것이다. 한문이나 외래어를 쓰지 않고 우리말 맞춤법에 맞게 고운 말을 가려 쓰는 것은 '한글 사랑'이며,

나아가 '나라 사랑'이 아니겠는가.

나의 변명일지 모르지만, 무의식적으로 쓰는 어려운 말과 외래어는 우리 역사와 무관하지 않다. 조선 왕조 518년 동안 한문을 알아야 행세할 수 있었다. 과거도 한문 공부를 하지 않고는 볼 수가 없었다. 일제강점기엔 일본말을 아는 것이 특권의 상징이었고, 해방 후엔 영어를 잘하는 것이 출세의 지름길이었다. 그래선지 배웠다는 사람일수록 우리말보다는 외국의 글과 말을 즐겨 썼다. 어려운 말일수록 권위 있는 말로 여겼다.

그런 환경에서 살아온 나는 직장에서도 30여 년간 외국어를 자주 썼다. 그래서 굳어진 버릇이 되었다. 이런 언어 습관이 좀처럼 고쳐지지 않는다. 옛말에 "세 살 적 버릇이 여든까지 간다."라고 했으니 버릇 고치기가 쉽지 않은 게 사실인 것 같다.

우리말을 얘기하다 보니 지난날 정부에 건의하고 싶었던 외국어 표기에 대한 생각이 떠오른다. 일본에 근무할 때였다. 주재국 시장동향조사 보고서를 작성할 때면 으레 무역통계를 뒤지곤 했다. 상품의 통계를 발췌하다 보면 일본은 자기 나라의 고유한 상품에 대해 영어보다 자기네 말을 앞세우고 있었다. 그런데 우리의 무역통계에선 그러지 않았다. 고유 상품인 '된장'을 영어로 'Bean paste'라고 표기했는데, 일본은 'Miso(Bean paste)'라고 써서 일본말을 앞세우고 영어를 괄호 안에 넣었다. '국수'도 우리는 'Noodle'로, 일본은 'Udon'으로 표기하였다. 이러한 현상은 비단 무역통계만이 아닐 것이다.

상파울루무역관에서 근무할 때 느꼈던 것이다. 현지에서 '감'이 일본말인 '가끼'로 쓰이고 있었다. 이러한 것도 일본의 자기 나라말 앞세우기에서 비롯된 것이 아닌가 싶었다. 일본인이 브라질에 감나무를 들여와 그들이 '가끼'로 부르게 돼, 현지인이 포르투갈어로 'Caqui'로 그대로 써서 고유명사가 되었다. 자료를 보면 감의 원산지가 중국이기 때문에 아마도 우리나라를 거쳐 일본에 건너갔을 것이다.

이제 우리도 세계 10대 경제국이다. 선진국 모임인 경제협력개발기구(OECD)에도 가입하였다. 세계의 큰 잔치인 올림픽·엑스포·월드컵도 성공적으로 치러냈다. 그런 우리의 위상에 걸맞게 우리말도 여러 나라에 널리 알려졌으면 싶다. 말 그 자체가 우리나라의 문화이기 때문이다.

세계적으로 권위를 자랑하는 영국의 옥스퍼드대사전에 총 35만 낱말이 수록돼 있다. 그 가운데, 우리말은 고작 12개라고 한다. '김치', '양반', '막걸리', '온돌', '태권도' 등. 우리의 긴 역사와 문화를 고려할 때 더 많은 말이 그 사전에 올라야 하지 않겠는가.

그러려면 우리가, 아니 나부터 우리말을 앞세워 사랑해야 하지 않을까. 다소 번거롭더라도 바른 우리말을 찾아 써야 할 것이다. 책 발간이 좀 늦어지면 어떠랴. 우선 내 수필집에서라도 어려운 말과 외래어를 쉬운 우리말로 바로잡아야겠다.

책 한 권 아니 읽고 가을이 간다

늦가을이다.

'서울로 독서문화주간(2018. 10. 22.~25.)' 플래카드가 나를 되돌아보게 한다. 올해 나는 몇 권의 책을 읽었을까? 문학 정기간행물을 제외하곤 기억이 나지 않는다. 2~3년 전까지만 해도 독서주간이 아니라도 때때로 서점에 들러 베스트셀러나 관심 있는 작가의 신간을 남보다 먼저 읽곤 했는데, 어쩐 일로 손에서 책을 놓았나!

생각해보니 독서 시간에 영상을 봤다. 첨단을 걷는 젊은이들처럼 핸드폰을 손에 쥐고 살았다. 전에는 책을 쥐고 다니며 틈틈이 읽었는데, 언제부턴지 책을 손가방에 넣고 핸드폰을, 가죽 커버까지 씌운 손전화를 놓지 않았다. 시선을 화면에서 떼지 못한 채 출퇴근 찻간에서도 화면만 긁었다.

사실 출퇴근이라 하지만, 직장이 아니다. 퇴직 후 마련한 농장이다. 조경수 천여 그루를 키운다. 아침에 대방역에서 1호선 전차를 타고 가다가 안양역에서 소래 가는 버스로 갈아탄다. 목감사거리를 거쳐 물왕저수지 둑 밑에서 내린다.

여기까지 90분이 걸리니 퇴근 시간까지 합하면 180분이 책 읽는 시간이었다. 나의 머리를 살찌게 하는 귀한 그 시간을 핸드폰에 내어줬다. 비단 출퇴근 시간만이 아니었다. 틈만 생기면 핸드폰을 열어 시선을 화면에 고정했다. 더구나 밥상머리에서도 핸드폰을 곁에 두는 나날이었으니 마력을 가진 손전화였다. 어쩌면 그리도 똑똑하고 하는 일이 많은지 귀하게 여기지 않을 수 없었다.

볼륨을 줄여 진동으로 돌려놓아도 찾아오는 신호를 감지하여 몸체를 흔든다. 부들부들 떤다. 걸려오는 전화, 카톡, 벤드, 메시지, 이메일, 포털 사이트portal site의 쟁점 뉴스 등이 시도 때도 없이 노크하여 알리는 신호음에 긴장이 이어진다.

울리는 카톡을 누르면 별별 영상이 다 뜬다. 친구가 제주 해변을 걸으며 찍은 사진을 올려 실시간으로 보여주기도 하고, 어느 날엔 자작시를 올려 낭독을 부추긴다. 또 신호음이 울려 화면을 열면 며칠 전에 브라질로 여행 간 이웃 노부부가 이구아수Iguacu 폭포 앞에 선 장면을 띄워 '나 좀 봐주세요.' 한다.

그뿐인가. 시샘하듯 이메일도 수신음을 낸다. 문학회 가을 나들이 일정, 단풍 구경 가자는 동창들의 안내 메시지, 시 낭송회 초대 등이 답신을 기다린다. 회답을 보내고 나면 메시지, 밴드, 포털 사이트 뉴스도 다투어가며 존재감을 드러낸다. 먼 곳에 있는 사람들을 마주 보고 대화하듯 소통하니, 핸드폰을 손에서 놓지 못하는 까닭이다. 늘 들고 다니니 책은 뒷전이다. 서점 가는 일도 뜸해진 요즘이다.

그래도 시간은 간다. 어느덧 은행잎이 제 일을 다 하고 샛노란 색깔로 보도를 물들인다. 아파트 담장에선 빨간 대추가 주르륵 떨어진다. 이 가을에 손에 쥐어지는 것도, 업데이트한 생생한 지식도 없다. 두뇌를 살찌우던 신간도 읽지 못한 채 찬 바람이 분다. 책 한 권 아니 읽고 가을이 간다.

이처럼 핸드폰이 나의 자투리 시간을, 독서 시간을 다 앗아 갔으니 가을걷이가 시원찮다. 아니 신지식新知識이 텅 빈 '머리의 곳간'이다. 놓친, 빼앗긴 시간을 되찾을 수 없으니 앞으로라도 내 시간을 다시 찾아야겠다. 안타깝고 아쉽지만, 그토록 귀하게 여기던 손전화를 놓지 않을 수 없다. 어쩔 수 없이 핸드폰을 가방에 고이 넣고 책을 손에 쥘 수밖에.

'굳게 다짐하고 내 마음을 달래봐야지', 어르고 달래도 여의치 않으면 닦달을 해서라도 신간을 손에 쥐고 다녀야 할 것 같다. 이 늦가을부터.

쑥

쑥은 우리 민족의 정기精氣다. 조상으로부터 물려받은 기운氣運이 쑥에서 왔지 싶다.

강인한 생명력이 그렇다. 긴 풍운 속에 꿋꿋이 살아온 질긴 생명력, 이른 봄이면 산기슭·길가·못둑·논밭 두렁 등 어느 곳에서나 잡풀과 돌 틈 사이를 비집고 얼굴 드는 쑥. 흙이 있는 곳이면 뿌리를 내리는 강한 여러해살이풀이다. 국화과 식물로 '아무 데서나 쑥쑥 잘 자란다.'고 하여 붙여진 이름이 쑥이다. 순우리말이다. 그처럼 강한 생명력은 단군檀君의 피를 이어받은 우리 민족의 끈기다.

우리 겨레의 뿌리이며 시조인 단군, 그의 출생 신화에 나오는 쑥이다. "~환웅桓雄은 신령한 쑥 한 뭉치와 마늘 스무 개를 주면서 '이것을 먹으며 백일 동안 햇빛을 보지 않으면 사람이 될 것'이라고 하였다. 범은 이를 잘 지키지 못했으나 곰은 삼칠일(21일)을 지켜 여자가 되었고, 환웅은 이 여인과 혼인하여 아들을 낳았으니 그가 곧 단군왕검王儉이다." 단군고기檀君古記와 삼국유사三國遺事에서 전하는 내용이다.

이런 내력의 쑥은 식용과 약용으로 우리의 생명을 부지시켜 왔다. 조선의 동국세시기東國歲時記에 따르면 삼짇날(음력 3월 3일)엔 부드러운 쑥잎을 따 쌀가루에 섞어 떡을 만들어 먹었다. 단옷날(음력 5월 5일)에도 쑥떡을 빚어 배고픔을 달래왔다. 어머니는 단옷날 오시午時에 익모초와 쑥을 뜯어 말려 두었다가 피부가 가려울 때나 벌레에 물렸을 때 쑥뜸으로 낫게 했다.

'가장 흔한 것이 가장 귀한 것'이란 말은 '쑥'을 두고 하는 말이다. 흔하지만 귀한 식물이다. 피부 건강을 가꾸는 데 쑥을 쓴다. 갓난아기의 첫 목욕물로 쑥 우려낸 물을 사용한다. 해산 후 산모 건강을 위해 쑥 달인 물을 마시고 연기를 쐬기도 한다.

외상용外傷用만이 아니다. 칼슘 등의 무기질과 각종 비타민이 풍부하여 신진대사를 돕는다. 시네올cineol이란 정유精油 성분의 독특한 향이 있어 봄철 입맛을 돋우는 식품이다. 쑥국·쑥버무리·쑥 부침개 등 다양하다. 또한, 쑥은 비타민 C가 풍부해 감기 예방과 치료제로 쓴다. 동의보감에 "쑥은 독이 없고 모든 만성병을 다스리며, 특히 부인병에 효과가 있을 뿐 아니라 자식을 잘 낳게 한다."라고 적혀 있다.

애엽艾葉은 쑥의 한약 이름이다. 속담에 "7년 된 병을 3년 묵은 쑥을 먹고 고쳤다."라고 하는 말이 있듯이 쑥은 마늘, 당근과 더불어 성인병을 예방하는 3대 식물로 꼽힌다. 몸에 좋은 성분이 많이 들어 있다. 특히 피를 맑게 하는 효과와 혈액 순환을 원활하게 한다. 살균, 진통, 소염 등의 효능은 자연 과학으로도 이미 증명된 쑥의 기능이다.

환웅은 미래를 예견했을까? '쑥 성분'을 주었으니. 오늘날의 환경

오염과 공해를 치유할 수 있게 했으니. 요즘은 때때로 방사능과 황사, 먼지 등으로 어려움을 겪고 있다. 이런 오염을 정화하고 부족한 피를 보충해준다. 몸속의 냉기를 몰아내 체온을 따뜻하게 하는 데 탁월한 성분을 가진 쑥이다.

그래서 어머니는 '쑥'을 상비약으로 준비했다. 어느 때나 쑥을 사용할 수 있도록 잘 말려서 처마 밑에 대롱대롱 매달아 놓던 그 뜻을 이제 알 것 같다. 긴긴 세월이 흐른 요즘엔 목욕탕이나 찜질방에서 흔히 볼 수 있는 쑥이다. '쑥색'이란 말이 있듯이 천연염료로도 쓰일 뿐 아니라 모기를 쫓는 방충제나 화장품 원료로도 이용한다. 다양한 쑥의 장점만큼이나 빗댄 말도 많다.

'쑥밭이 되었다.'라는 속담은 '쑥'의 왕성한 성장력을 나타내는 말이다. 평편하고 너른 평야보다 구석진 좁은 땅에 뿌리 내려 굳건히 자란다. 기름진 땅이나 먹을거리가 많은 곡식 곁이 아닌 거친 잔디밭에서도 고개 들고 잘 자라 헝클어진 머리 같다고 하여 '쑥대머리'란 말도 있다. 그처럼 생명력이 놀랍도록 강하다. 어찌 본받지 않을 수 있을까.

원사폭탄이 떨어졌던 일본 나가사키 · 히로시마 폐허에서도, 원전 사고가 났던 후쿠시마 그 매운 땅에서도 죽음을 딛고 제일 먼저 머리 든 식물이 쑥이다. 그처럼 강인한 생명력을 지닌 '쑥'을 먹고 살아온 우리 민족이다.

한때 우리나라를 속국으로 여겼던 중국의 갖은 굴욕에서도, 일제강점기의 압박과 뼈아픈 시련에서도, 치열했던 6·25전쟁에서도 꿋꿋이 생명의 끈을 이어온 게 우연이 아니란 생각이 든다. '쑥'에서 얻은 정기요, 기운이 아니겠는가.

단군의 연륜만큼이나 다져진 이 땅에서, 우리 민족도 나도 '쑥'처럼 강해 갔으면 좋겠다.

길에서 읽는 공사 실명제

간밤에 봄비가 내리더니 아침 공기가 상쾌하다. 농장에 가려고 전철역을 향해 걷는데 보도가 말끔해 보인다. 빗물에 씻겨서인지 둥그런 공사 표지판이 눈길을 끈다. 반짝반짝 빛난다.

여의도 육삼로에서다. 해마다 연말이면 보도블록이 배가 불렀다. 울퉁불퉁하여 걷기가 불편했다. 대로변 하수구 거름망 주위엔 눈 녹은 물이 고여 있었다. 담배꽁초, 과자 포장지 등이 물 위에 빙빙 돌며 아래로 내려가지 않았다. 하수관이 막혔기 때문이었다. 그처럼 부실 공사가 많았지만 개선되지 않고 땜질 공사가 연례행사처럼 되풀이됐다.

그랬던 길바닥이 고르고 편편하다. 보도블록도 색깔별로 짜 맞춰 곱게 깔았다. 하수구 입구도 깨끗하다. 전처럼 물이 고이지 않는다. 주위가 금방 청소한 것처럼 청결하다. 쓰레기 하나 눈에 띄지 않는다.

웬일일까? 하고 바닥을 유심히 살펴보니, 길가에 둥그런 표지판 쇠

뚜껑이 보인다. '우수 공사'는 서울특별시, '전기'는 한전, '통신'은 한국통신 · 하나로통신, '보도블록'은 반듯한 석판에 "저희가 시공했습니다, 비호건설주식회사 02-835-0911"이란 업체명이 표기되어 있다.

특히 보도블록은 새로 깐 지 얼마 되지 않았는데도 위로 솟거나 깨어지기 일쑤여서 해마다 연말이면 으레 다시 까는 부실 공사였는데 보도가 장판처럼 평평하다.

역시 실명이 양심을 속이지 않는다는 것을 새삼 느낀다. 자신의 얼굴 같은 이름을 밝혔기에 공사 과정에 믿음이 간다. 누가 공사했는지 알 수 없을 때보다는 훨씬 정성 들여 보도블록을 깔고, 상하수도도 물이 잘 빠지게 하자 없는 작업을 했을 것이다. 제 이름을 건 공사였기 때문이다. 세상을 뜬 후에도 쭉 남는다는 이름이 아닌가.

그런 이름을 내걸고 공사를 한 것이다. 1993년도 금융실명제에 이어 길바닥 보도블록이나 지하에 묻힌 상하수도 공사까지 일한 주체의 실명을 밝힌다. '공사 실명제'다. 어둡던 구석구석이 책임 공사제工事制로 환해져 간다. 겉과 속이 다르지 않을 것이다. 이름을 걸고 공사하는 건 하자에 대한 책임을 진다는 증명이기도 하다. 세상은 이렇게 정직해 가는데 나는 어떤가?

가슴이 뜨끔하다. 남이 보지 않는다고 더러는 하수구에 침을 뱉기도 하고, 길 울타리 주위에 휴지를 던지곤 했던 자신이 아닌가. 겉과 속이 다름을 느낀다. 한 사람의 시민으로서, 전철에 타면 우선석에 앉는 나이 든 자신이 부끄럽다. 어른답지 않다. '중학생 시절처럼 이름표를 달고 다녀야 할까?'라는 자책감이 든다.

어느덧 전철역이다. 길에서 읽은 공사 실명들이 눈에 선하다. '실명제'가 참 좋은 제도란 생각이 든다. 부실 공사도 땜질 공사도 줄어들 듯하다. '나도 실명제의 물결에 따라가야 하지 않겠나.' 살아가는 '인생 공사'는 물론이고, 우선 필명 아닌 실명으로 쓰는 내 글부터 하자가 없어야겠다. '공사 실명제'처럼.

'땡땡~' 전차가 제 목소리를 내며 플랫폼에 다가온다.

그렇게 시동이 걸린다

미국에 사는 큰애가 선물을 준다. 젊은 시절 나의 진로에 시동을 걸어준 송도 바닷가 현장을 그린 그림이다.

1970년 한여름, 더위를 식히고자 인천 송도를 찾는다. 초등학교 일학년인 큰애와 마주 앉아 바닷바람을 쐰다. 석양의 바다는 붉게 물들고 수평선은 반짝인다. 통통배 두세 척 떠다니고 갈매기도 떼 지어 오르내린다. 흰 구름이 어디론가 흘러가고 있는 것을 보고 있으려니 그애가 뜬금없이 묻는다.

"저 바다 끝으로 가면 어디로 갑니까?"

"일본과 하와이를 거쳐 미국까지 갈 수 있지."

"우리도 외국에 한번 가봤으면 좋겠습니다."

"그러지"라고 답한다.

그 말이 실마리가 되어 내 걸음의 썰물로 이어진다.

그때 나는 코트라KOTRA에 다니고 있었다. '언젠가는 외국 근무를 해야지' 하는 막연한 희망에 젖어 있었는데, '이왕이면 하루라도 빨리 외국에 나가야겠다.'란 결심을 하였다. "그러지"란 말이 시동始動을 걸어줬다.

그다음 날부터다. "그러지"라고 말한 자신의 언약에 쫓긴다. 새벽에 영어학원을 다녀서 출근하고, 퇴근 후엔 일어학원에서 공부하고 귀가한다. 단어장과 회화책을 손에 들고 다닌다. 스님이 불경을 외우듯 입을 읊조리며 걷는다. 그렇게 1년 반 동안 밤낮없이 공부하여, 서울대 어학연구원에서 시행하는 외국어 구사 능력 평가에 응시한다. 가까스로 기준 점수를 상회하여 1971년 수출일선, 나고야무역관으로 발령을 받는다.

당시의 '수출 드라이브 정책'이 시장을 누비게 한다. 상품이 있고, 바이어가 있는 곳이면 어디든 뛰어다닌다. 해마다 부여받은 수출 목표 달성이 밤잠을 설치게 하였지만, 뛰면 뛸수록 20~30%씩 쭉쭉 올라가는 '수출실적판'의 빨간 화살표가 고단함을 잊게 한다.

그렇게 일본 근무 4년을 마친다. 외국 3~4년, 국내 1~2년간 근무하는 인사 교류 시스템이다. 두 번째 외국 파견으로 로스앤젤레스무역관 부관장으로 부임한다. 거기서 현지어 발음이 겨우 귀에 들어올 때 뉴올리언스 무역관장으로 전보 발령을 받는다. 새 시장을 개척하라는 명命이다.

1970년대 오일쇼크로 텍사스, 루이지애나, 미시시피주 연안 일대에 석유 시추가 활발함에 따라 철구조물鐵構造物을 비롯한 석유 시추 장비

류에 대한 수출시장 개척이 급선무다.

'오일 열풍' 현장을 누빈다. 여러 해상 플랫폼Platform과 미시시피강 철교용 철강재 등을 수출하여 실적은 늘렸지만, 귀국일이 다가오니 애들 교육이 걱정이다. 다음 근무지로 계속 같이 다니다간 언어도, 친구 사귐도, 대학 진학에도 어려움이 따를 것이란 생각이 든다. 할 수 없이 1남 2녀 중 큰애만을 잔류시켜 미국에서 수학하게 한다. 그렇게 한 게 이산가족으로 이어진다.

결국 그애는 공부한 미국에 취직하여 산다. 장기간 외국에서 생활하다 보니 고국이 그리워서 그린 그림이지 싶다. 어린 시절 송도에서 부자父子가 마주 앉아 수평선을 내다보며 미래를 꿈꾸던 그 사진을 모델 삼아 스케치한 작품이다. 금빛 액자에 넣어 서울 출장길에 들고 온 자작 선물이다.

어언 49년 전의 모습을 그림으로 보니 가물가물한 추억이 물결처럼 밀려온다. 송도 바닷가가 펼쳐진다. 외국 근무로 '시동의 종'을 쳐준 "그러지"라고 언약한 송도 그 바닷가에 시선이 머문다. 지나고 보니 '부자간의 언약은 힘이 세다'란 걸 새삼 느낀다. 그애가 바라던 "외국에 한번 가 봤으면…." 하던 꿈은 이룬 셈이다. 코트라에 감사한다.

그런 고마움 때문일까. 코트라 창립 50주년(2012)에 지은 나의 축시 한 수를 그 그림 곁에 나란히 놓는다. 뛰듯 달리듯 수출 시장을 누볐지만 고단하지 않았던 그 시절을 그리며, "그러지"란 나의 말을 되뇌며 또 힘을 낸다.

지구를 메주 밟듯 맨발로 누빈 반세기
2조 달러 무역 강국 그 기개 누가 맞서랴
뻗어라 넓은 우주로 코트라여 코리아여.

2부
마음 베란다 하나 둬야겠다

늘 가로세로로 얽히고설키는 욕기와 소망으로 어리둥절하여 스트레스로 이어진다. 이러한 물결과 어설픈 꿈, 소망, 기대를 잠재우며, 때때로 흔들리는 마음을 붙잡아 둘 '마음 베란다' 하나 둬야겠다.

글 한 편의 힘

봄이다. 남녘 바람이 살결을 간질인다. 어디론가 바깥바람을 쐬고 싶은데 메시지가 날아온다.

‘꽃구경 가자’란 권유다. 평소 백석白石(본명 백기행, 1912~1996)의 시를 즐겨 읊는 K 시인으로부터다. 약속한 한성대입구역에서 만나 그의 뒤를 따른다. 삼각산 깊숙한 산자락을 밟는다. 오늘 아침에 핀 듯한 진달래와 개나리가 줄 선 그 길 따라 한참 걸으니 길상사吉祥寺다. 꽃처럼 환한 얼굴로 K 시인이 말문을 연다. “글 한 편의 힘이 얼마나 센지 들어 보십시오”라며.

백석 시인은 시를 잘 썼으며 그의 수려한 외모가 돋보였다. 장발에 코트 자락을 휘날리며 걸었던 멋쟁이였다. 그래선지 쇠락한 양반가의 딸로 열여섯 살 꽃나이에 진향眞香이란 기생 이름을 받은, 김영한金英韓(1916∼1999)이 시인을 좋아했다. 1938년 백석은 그녀를 ‘자야子夜’라고 부르며 서울 종로구 청진동에 살림을 차렸다. 기생을 며느리로 들일 수 없다는 부모의 강한 반대로 28일 만에 헤어졌다. 집에서 정해준 다른 여인과 혼인하였으나 잊지 못해 자야를 다시 찾았다.

1940년, 백석은 자야에게 만주로 함께 떠날 것을 설득하였으나 끝내 거절한 그녀였다. 김영한은 백석을 잊고자 대원각大苑閣을 열었다. 언젠가 다시 만날 수 있기를 기대하며 밤낮없이 뛰었다. 그 열성으로, 사랑의 힘으로 우리나라 3대 고급 요정의 하나로 일궜다. 그토록 백석을 그리워하던 어느 날 우연히 <무소유>란 글을 읽는다.

법정 스님의 그 수필 한 편이 '큰 꽃'을 피우는 씨앗이 된다. 김영한은 대원각을 부처님께 보시하기로 마음먹는다. 그녀는 법정 스님에게 이 요정을 맡아 절로 만들 것을 청한다. 그러나 <무소유>를 생활신조로 여기며 몸소 실천하던 법정 스님은 뜻에 맞지 않아 사양한다. 8년여의 설득 끝에 1995년 6월 법정 스님은 김영한의 제의를 받아들여 송광사 말사末寺(대법사)로 등록하게 이른다.

이때 법정 스님은 김영한에게 길상화吉祥華란 법명을 내리고, 1997년엔 절 이름을 길상사로 바꿨다. "평생 모은 큰돈(7천여 평의 대지와 건물 40여 동)이 아깝지 않으냐"는 기자들의 질문에 "천억 원 재산이 백석의 시 한 줄만 못하다"란 말을 남겼다. 또한, 자신이 만지던 2억 원의 현금마저 백석 문학상 기금으로 내놓았다. 사랑이 깊으면 재산도 이리 초연할까. '글 한 편의 힘'은 이처럼 세다.

가진 짐 다 벗어도 그리움은 눈처럼 쌓여갔다. 사랑도 쌓이면 병이 되는지, 길상사의 문을 연 지 2년 만에 그녀는 세상을 떴다. 83세였다.

유해는 그녀의 유언에 따라 눈이 하얗게 쌓인 길상사 뒤쪽 언덕에 뿌려졌다. 그 자리에 <무소유>를 스스로 실천한 김영한의 돌비를 세웠다. 시주施主 길상화의 공덕비였다.

그녀가 세상을 떠난 49재 날, 그해의 첫눈이 내렸다고 한다. 우연이 아니었다고 전한다. 백석의 대표 시 <나와 나타샤와 흰 당나귀>에서 '눈이 푹푹 나린다'라고 하였으니 그 시 속의 나타샤는 바로 자야, 김영한이다. 푹푹 나리는 눈과 49재 날의 눈은 두 영혼의 만남이 아니었을까.

가난한 내가
아름다운 나타샤를 사랑해서
오늘밤은 푹푹 눈이 나린다

나타샤를 사랑은 하고
눈은 푹푹 날리고
나는 혼자 쓸쓸히 앉어 소주를 마신다.
소주를 마시며 생각한다
나타샤와 나는
눈이 푹푹 쌓이는 밤 흰 당나귀 타고
산골로 가자 출출이 우는 깊은 산골로 가 마가리(오두막)에 살자

눈은 푹푹 나리고

나는 나타샤를 생각하고
(……)

오늘 뜻밖에 길상사의 내력을 소상히 들은 나는 감동한다. 참으로 '사랑의 힘이, 글의 힘'이 세다는 것에, <무소유>를 실천한 김영한의 결단이 옳았다는 것에, 삼각산에 시들지 않은 '큰 꽃'을 피웠다는 것에.

절 주위와 김영한의 공덕비를 돌아보고 경내에 들어선다. 긴 세월 동안 이 절의 내력을 지켜본, 260살 느티나무가 온몸으로 우리를 반긴다. 봄처럼 살다간 '큰 꽃'의 주인공은 다 떠났지만, 은은히 들려오는 목탁 소리가 또 하나의 봄을, 게으른 나의 글쓰기를 일깨운다. '글 한 편의 힘'은 이처럼 세다.

길상사를 낳았다. 부지런히 잘 써 봐야겠다.

개나리의 봄, 나의 봄

이른 봄, 관악산을 걷는다. 계곡 얼음장 속으로 맑은 물이 흐른다. 그 물결이 아침 햇살을 받아 은파금파銀波金波다. 계천 가엔 샛노란 개나리꽃이 반긴다. 영춘화迎春花다. 내게 봄을 알려주려는 듯 쫑긋 입을 여는 것 같다. 전에 읽었던 신문기사를 떠올려 준다. '춘화현상春化現象*' 실화다.

호주 시드니에 사는 교포가 한국의 개나리꽃에 심취해, 따뜻한 호주의 제집 정원에 옮겨 심었다고 한다. 정성 들여 수년간 키웠지만, 나뭇가지에 잎은 무성한데 꽃은 피지 않더라는 것이다. 결국, 알고 보니 이 개나리뿐만 아니라 진달래·철쭉·튤립·백합 등이 추운 겨울을 견뎌나야 꽃을 피운다는 '춘화현상'을 알게 했다는 일화다.

그렇다. 생명이 얼어붙을 만한 혹독한 추위를 견뎌야 꽃을 피울 수 있는 것이 자연의 이치, 춘화현상이다. 이런 자연 속에 사는 인간도 예외가 아닐 것이다. 누구나 차디찬 '인생 겨울'을 견뎌내야 아름다운 꽃 피울 인생의 봄이 온다. 계절의 시련을 겪으며 사계절 꽃을 볼 수 있는 한반도에 산다는 게 자랑스럽다.

그런 터전에 살면서도 꽃 피우지 못한 게 있다. 배고프고 춥다고 내밀친 게 한둘이 아니다. 시 쓰기가 그렇고 그림 그리기가 그렇다. 청춘 시절, 겨울 추위 같았던 그 한기를 견뎌내지 못한 아쉬움이 있다. 그 인고忍苦를 이겨냈다면 '시와 그림'의 작은 꽃들을 피웠을지 모른다. 저 개나리꽃 같은.

한참 늦었지만, 지금부터라도 그토록 꿈꾸던 나의 꽃을 피워봐야 하지 않겠나. 내 인생의 이 겨울을 꾹꾹 참고 견뎌야겠다. 시도 쓰고 그림도 그리면서 찌든 내 마음을 순화해 봐야겠다. 그 누가 알겠는가. '나의 봄'을 회춘할 꽃 한 무더기 활짝 피울지.

*춘화현상: 가을에 심을 품종의 씨를 저온 처리하면 봄에 파종할 수 있는 씨로 되는 일

관찰, 심안으로 깊게 넓게

사물을 볼 때, 그 핵심 관점을 심안心眼으로 깊게 넓게 봐야겠다.

<문명-지금 우리가 사는 방법>의 사진전시회* 작품들이 일깨워주는 일침이다. 과천 현대미술관에서 1990년대 초부터 25년간 촬영한 문명에 관한 모습을 선보이고 있다. 세계 32개국 사진작가 135명의 작품 300여 점의 전시다. '벌집 · 따로 또 같이 · 흐름 · 설득' 등 8가지 소주제로 나눠, 지구같이 둥근 전시실에 작품이 조명받고 있다. 우리가 사는 지구촌 문명 발전의 명암을 확인할 수 있는 생동감이 넘친다.

가속도로 달리는 문명 시대에 제동장치는 있는지? 작품을 보는 이로 하여금 스스로 질문케 한다. 고삐 풀린 핵核, 인공지능, 가상현실, 유전공학…. 그리고 문명이 낳는 기후 악화, 수자원 고갈, 해수면 상승, 지구온난화 등의 실상을 인식시켜 준다. 해결책이 만만찮은 그 현실 앞에 '문명 발전'의 그늘을 새삼 느낀다.

그 현실의 면면을 사진 한 장에 담은 작가의 사유思惟의 깊이와 넓이가 돋보인다. 물론 카메라의 조리개와 광각 렌즈를 활용하여 촬영한 것이지만, 피사체에 대한 작가의 심도 있는 관찰과 의도한 작품 구상이 있었기에 가능한 일이다. 우리가 사는 방법의 실상을 관람자가 선명하게 보고 깨닫게 한다. 강제하지 않으면서 스스로 가슴에 손을 얹게 하는 무언의 뜻을 담고 있다.

영국 사진작가 마크 파워Mark Power는 거대한 티브이 화면 너머로 수많은 사람이 모인 슬픈 표정을 포착했다. 바티칸에서 생중계하는 교황 요한 바오로 2세의 장례식 모습을 보고자 모여든 바르샤바 시민들의 모습이었다. 그 시민의 표정을 화면 밑으로 깔고, 사진 프레임 3분의 2를 전선이 어지럽게 연결된 현상을 뒷면에 가득 채웠다.

우리가 숨 쉬는 현 사회를 미디어가 선도한다는 현실을, 그 미디어에 의존하는 우리의 실상을 드러냈다. 작가는 슬픔에 잠긴 수많은 사람의 표정과 그 사람들을 압도하는 미디어의 영역을 형상화하였다.

중국 사진작가 왕칭송王慶松은 환자복을 입고 수액輸液을 꽂은 사람들이 좁은 사무실에서 건축 모형을 놓고 일하는 모습을 담았다. 문명사회가 경쟁과 속도를 강요하여 앓으면서 일해야 하는, 급변하는 중국 사회를 우화적寓話的으로 나타냈다. 작가가 분주한 우리네 삶의 모습을 형상화하여 표현한 작품이다.

프랑스의 라파엘라 달라포르타Raphael Dallaporta는 각국의 군사용 대인對人지뢰 화면에 네모난 사과, 색 입힌 열대어, 깨지지 않는 달걀을 배열하여 찍은 작품. 인간이 경제적 이득을 위해 유전자 조작으로 태어난 생명을 프레임 가운데 작게 하나만 배치했다. 그렇게 하여 시각적 호기심을 불러일으켰다. 표현상 불점[火點]을 만들어 강한 환경 메시지를 나타냈다. 지뢰와 생명, 상반되는 모순을 우회적으로 표출한 작품이었다.

예시의 전시 작품은 미디어에 의존하는 현대사회, 속도와 경쟁을 강요하는, 자연의 영력을 넘어선 편의적 문명의 우리 사회, 인간이 경제적 이득을 위해 유전자 조작으로 생명을 만드는 '문명의 명암'을 깊게 넓게 카메라에 담아 미래 사회의 향방을 가늠해볼 수 있게 한다. 주제에 대한, 문명에 대한 '관점의 의미화'로, 형상화한 작품들이다.

나는 사물의 핵심을 깊고 넓게 관찰하여 글을 쓰는가. 관찰한 주제를 예의 사진처럼 한 장의 지면에 질서정연하게 담을 수 있을까? 깊이 관찰하는 안목도, 표현하는 기법도 예의 작품에 미치지 못하지 싶다.

사물의 깊숙한 내면을 관찰하지 못하고 얼핏 눈에 보이는 겉모습을 훑고 글로 표현하기 일쑤다. 우물의 물만 보았지 그 물이 차가운 약수인지 뜨거운 온천수인지 알지 못한 채 글을 쓰는 자신이지 싶다. 그러니 글의 깊이가 얕고 속살이 엷을 수밖에.

그렇다. 전시한 작품 사진은 조리개를 최대한 좁혀 내면을 깊게 포착했을 뿐만 아니라, 그 사물을 해석하여 문명의 명암으로 의미화한 작품이듯이, 내 글의 주제나 소재를 더욱더 깊고 넓게 관찰하는 안목을 가져야겠다. 눈을 크게 뜨고 사물을 꿰뚫는 관찰력도 키워야겠다. 글로 표현하는 방법에서도 카메라의 조리개와 광각 렌즈의 기능을 겸비한 표현 기법도 배워가야겠다.

그래서일까, 전시장을 몇 번인가 되돌면서 사진작가가 본 관찰의 깊이와 넓이를 대중해 본다. 심안으로.

*사진전시회(2018.10.18.~2019.2.17.): 국립현대미술관과 미니애폴리스·뉴욕·파리·로잔 사진전시재단이 공동 기획한 국제 사진전이다. 국내 작가 김태동, 노상익, 정연두 등의 작품도 함께 소개하고 있다. 전시는 향후 중국, 호주, 프랑스 등에서 순회전이 예정돼 있다.

나의 수필 쓰기

주제는 글의 이름이요, 뼈대다. 수필의 중심사상으로 그 글의 얼굴이다. 그러기에 글제는 글쓴이의 분신처럼 따라다닌다.

그런 주제를 어떻게 찾을까? 길을 걸으면서, 공원을 산책하면서, 일상생활을 영위하면서 떠오르는 감상·소회·의견 등을 취하거나, 그 사물의 특성이 나의 경험·느낌·생각과 일치하여 자기화할 수 있다면 선택한다. 의인화하여 의미화도 해본다. 한편 그 글제가 독특하고 참신하며 새로운 것이면 더욱 좋다. 남이 미처 보지 못한, 내가 거두어 주지 않으면 아무도 건져 줄 사람이 없는 향기로운 제재이면 그 글의 반은 성공한 셈이다.

중요한 만치 좋은 주제를 만나기가 쉽지 않다. 때론 글은 써야 하는데 주제가 떠오르지 않을 경우가 더러 있다. 그럴 때 나는 큰 서점에 달려간다. 신간 코너나 인기 도서 진열대에서 수필집이나 시집의 목차를 훑어본다. 한두 자 바꾸면 소화할 수 있는 참신한 글제면 메모하여 돌아온다. 유사한 주제로 쓴 다른 글이 있는지, 주요 도서관과 인터넷 검색창에서 확인한다. 다른 사람이 아직 쓰지 않는 새로운 영역이면 주제로 선택한다.

글제가 정해지면 그 주제를 풀이하거나 의미화할 수 있는 소재를 챙긴다. 글 쓸 대상을 직접 찾아가 물성, 특성을 자세히 관찰한다. 한편 기존의 관련 자료도 인터넷이나 학술 논문 등에서 찾아낸다. 자료가 다 모이면 문단 구성을 한다.

문단은 소주제小主題로 나눈다. 대들보인 주제를 떠받칠 '글 기둥'이 소주제의 역할이다. 그 기둥을 설명할 대여섯 문장으로 한 문단을 이룬다. 한 편의 수필엔 십여 개의 문단 기둥이 들어서는 셈이다.

또한, 본문의 가운데 문단, 아니면 7~8부 능선 부분에 글의 불점(정점)을 만든다. 본문 구성에서 가장 절정을 이루는 부분이다. 수필이 짧은 글이기 때문에 문장은 치밀해야 하며 낱말도 앞뒤 문장을 잇는 이음쇠 구실까지 해야 한다.

상황을 묘사하거나 형상화함에도 조곤조곤 단둘이 앉아 대화하듯, 혼자 중얼거리듯 친밀감을 주도록 쓴다. 문단 나눔도 적정해야 할 뿐 아니라 수필은 말미가 그 글의 꽃이요, 열매다.

그러기에 나는 주제를 정하면 말미를 먼저 쓴다. 글의 메시지이기 때문이다. 그 메시지가 눈짓하는 말을 서두에 앉힌다. 결국 수필의 서두는 말미가 써준다.

그래야 만남이 순조롭다. 말미에 '온 산이 꽃이다.'라고 썼으면 서두는 '봄이다.'라고 화답하는 형식이다. 서두와 말미가 서로 눈 맞춤하여 자리 잡으면 본문의 글이 흔들리지 않는다. 짜인 줄거리가 말미를 향해 실처럼 슬슬 풀린다.

그처럼 수필의 서두와 말미는 그 글의 생명이다. 서두는 독자의 눈길을 끌어 본문으로 안내하는, 문장 전체를 암시하는 내용이어야 한다. 말미 또한 읽고 나서 공감·감동·여운으로 이어지도록 비유·함축·유머의 말을 골라 써야 한다. 또한, 각 문단 끝말과 그다음 문단 첫말도 서로 눈 맞춤이 있어야 어색하지 않다. 마치 연인들의 첫 만남처럼 서로 손잡는다.

본문은 이미 앉힌 기둥의 순서에 따라 써 나간다. 주제나 강조하는 말이 아닐 때는 한 문장에 같은 낱말을 반복하지 않는다. 한 문단의 글에선 가능한 시제도 같게 한다. 문장이 너무 길어지면 그다음 문장은 짧게 써서 읽는 이의 호흡에 맞춰야 한다. 독자는 작가의 고객이니까.

낱말도 우리말을 골라 쓴다. 지난날 한문 · 영어 · 일어를 우리말로 번역한 책을 읽어선지 자신도 모르게 입에 밴 번역 투의 낱말로 쓰기 일쑤다. 지양해야 할 습성이다. 외래어나 외국어에서 따온 말도 될 수 있는 한 쓰지 않는다. 우리말로 순화한 말을 찾아 써야 우리 정서에 맞는다.

좋은 수필은 문장이 간결하고 물 흐르듯 유연히 읽힌다. 글에 품격이 있고 진솔한 글이어야 독자에게 울림이 있다. 글은 독자에게 감동과 즐거움을 줄 수 있어야 할 뿐 아니라 행간에 은은한 향기가 풍기는 개성적인 내용이어야 한다.

글이 마무리되면 퇴고를 여러 번 한다. 읽어 교정할수록 글이 간결하고 흐름이 부드러워진다. 헤밍웨이는 <노인과 바다>를 펴내면서 2백여 회나 글을 고치고 다듬었다고 한다. 그만큼은 아닐지라도 적어도 서른 번 이상 숙독하면서 고친다. 필요 없는 부분이나 중복된 내용은 없는지, 서술이 미흡하여 덧붙일 데가 있는지, 주제와 내용 관계는 적절한지, 낱말과 문장은 맞춤법에 맞는지, 문맥 · 문장 · 문단 간의 흐름은 자연스러운지 검토하여 바로잡는다.

일단 완성한 글을 발표하면 신문처럼 공공재가 된다. 누구나 읽을 수 있는 글로, 작자의 이름과 함께 영구히 돌아다닌다. 어찌 허투루 글을 쓰겠는가. 오늘도 새벽잠을 깨는 이유다. 진정 내 향기 밴 수필 한 편 쓰고 싶다. 그날이 '언제일지?' 오늘도 자판을 두드린다.

그 눈바람

눈바람이 그리울 때가 있다. 오늘이 그런 날.

나고야 중부국제공항에 내린다. 북시흥농협 일본 연수단(25명)의 일원으로. 대기하고 있던 관광버스에 오른다. 나가노깽[長野縣] 다이오[大王] 와사비농장을 견학한다. 약방의 감초 같은 식자재인 고추냉이가 맑은 계곡물에 가득하다. 이끼처럼 나풀거리며 자라는 재배지와 가공 시설을 둘러보고, 이번 여행의 꽃인 알펜루트*로 향한다. 다테야마역[立山驛]에 닿으니 설산이 저만치 서 있다.

마치 우리 일행을 반겨주는 듯하다. 우중충하던 날씨도 활짝 갠다. 6월 19일의 여름 햇볕이 내리쬔다. 알펜루트 연봉에 덮인 만년설萬年雪 때문인지 살갗에 스치는 대기가 신선하다. 오랜만에 마시는 맑은 공기로 생기가 돈다. 매혹을 느낀다는 재팬 알프스를, 다테야마 산군山群을 한눈에 볼 수 있다는 들뜬 기분으로 역 안에 들어선다.

우리 일행이 전차에 오르자, 금테 모자에 제복 차림의 기관사가 플랫폼에 나선다. 승객에게 정중히 인사한다. "안전하게 모시겠습니다." 라며 거수경례하더니 땡땡거리며 차가 움직인다.

목적지는 무로도[室堂], 정상을 바라볼 수 있다는 전망대다. 거기까지 전차·케이블카·트롤리Trolley 버스 등을 갈아타며 산속 터널(86km)을 달린다. 친환경 교통수단이 일본의 알프스를 지키는 사랑이지 싶다. 한 시간여 달려 무로도 고원高原(2,450m)에 내린다.

별천지다. 북극인가 싶다. 확 틘 주변이 눈부신 설원雪原이다. 하늘에 오른 기분이 이와 같을까. 전면엔 다테야마(3,015m) 정상이 우뚝 솟아 있고, 넓은 광장엔 섭씨 12도의 시원한 공기가 6월의 기온을 무색하게 한다. 하늘의 뭉게구름도 멈칫멈칫하며 흘러간다.

너나없이 폭폭 빠지는 발자국, 제 흔적을 남긴다. 호수처럼 내려다보이는 구로베[黑部] 댐의 물이 은파금파로 반짝인다. 반대편 산자락엔 내려가는, 눈 속을 뚫은 전기 버스 길이다. 길가 양쪽엔 두부를 잘라놓은 것 같은 10여 미터의 설벽雪壁이 만년설의 깊이를 말해준다. 백 살이 넘었다는 삼나무는 그도 삶의 무게를 의식하는지 가지마다 눈을 떨구며 눈보라를 이룬다.

솔솔 불어오는 바람이 나를 어릴 적 고향으로 몰아간다. 마을 앞에 우뚝 솟은 무학산舞鶴山(400m)이 가장 높은 산으로만 알았던 그 시절이었다. 11월 어느 날 산정에 올라 마셨던 맑고 서늘한 눈바람이었다. 여기 다테야마의 삼나무처럼 커다란 소나무 가지에서 분분히 휘날리는 눈을 바람이 싣고, 내 얼굴을 스쳐 가던 시원한 그 바람. 눈처럼 백발인 이 나이에 일본 알펜루트에서 다시 쐰다니….

감개하다. 코를 벌름거리며 자꾸만 들이마신다. 눈 위로 스쳐오는 그리운 그 눈바람을.

*알펜루트Alpin route: 도야마[富山]와 나가노껭 경계에 걸쳐 있는 다테야마[立山]를 일컫는다. 오야마[雄山](3,003m), 오난지야마[大汝山] (3,015m), 후지노오리타테[富士ノ折立](2,999m)가 연봉으로 솟아 있다. '재팬 알프스'라고 부른다. 신神의 산으로 꼽히는 후지산[富士山](3,776m), 하쿠산[白山](2,702m)과 더불어 일본의 3대 영산靈山에 속하는 이름난 산악 공원이다. 연 1,500만 명이 찾는다.

정성, 헛꽃까지 피우는

'참'보다 '거짓'이 돋보일 때가 있다. 인간사도 더러 그럴 때가 있지만, 산수국山水菊의 헛꽃이 그러하다.

7월의 햇볕이 내리쬔다. 나무 그늘이 그리운 한여름이다. 숲속을 걷고 싶어 관악산을 오른다. 계곡 물소리를 박자 삼아 흥얼거린다. 같이 걷던 절친 K가 손짓한다.

"이 꽃 좀 봐요! 헛꽃을 피웠습니다."

"정말이네요"라며 다가선다.

줄기 끝 꽃자루에 볼록볼록 부푼 보라색의 작은 진짜 꽃(진꽃)이 소복이 몰려 있다. 그 주위를 호위하듯 무궁화 꽃잎 같은 하얀 꽃을 활짝 피운 건 가짜 꽃(헛꽃)이다. 그 헛꽃은 언젠가 책에서 읽긴 했지만, 실제로 마주한 건 오늘이 처음이다. 미소 짓는 듯, 방끗 눈짓하는 듯한 그 꽃을 보면서 산수국이 열매를 맺으려는 정성이 대단함을 느낀다.

깊은 산속에서 작은 진꽃으로 벌과 나비를 불러 수분受粉하기엔 역부족이었을 것이다. 그래서 꽃받침을 변형시켜 환한 큰 꽃을 피운 산수국의 저력은 어디에서 오는 걸까. 그 열정이 나를 자극한다. 부끄럽게 한다. 헛꽃 한 번 피워 본 적이 없기 때문이다. 진꽃이 수분을 마치면 하늘을 향해 있던 헛꽃들이 뒤집혀 꽃잎을 아래로 늘어뜨린다. 곤충을 불러들이는 호객꾼이긴 하지만 겸손의 미덕까지 갖춘 헛꽃이다.

암술과 수술이 없는 헛꽃, 씨를 만들 꽃이 아니다. 단지 진꽃이 꽃술 받기를, 튼실한 열매 맺기를 바라는 일념으로 태어난 꽃이다. 한갓 바람잡이 역할을 하는 꽃이지만, 그게 어디 쉬운 일인가. 자기보다 종갓집 진꽃을 앞세우는 효심이 지극하다. 부전자전일까? 산수국은 헛꽃을 피우고, 헛꽃은 벌과 나비를 불러들여 종갓집 대를 잇게 한다. 그런 열정과 정성에 감명하여 헛꽃에 시 한 수를 올린다.

한적한 산속에서
일꾼을 호객하여

종갓집 진꽃들이
열매를 맺게 한다

산수국
씨 익는 소리
재를 넘어 들린다.

내게 열매 맺기는 무엇일까? 지금은 아마도 '글쓰기'일 것이다. 글 한 편의 열매 맺기를 바라며, 바라며 그런 정성을 들인 적이 있는가. 기억이 없다. 헛꽃은 고사하고 봉오리 하나 부풀리지 못해 급급한 나날이다. 그러기에 변변한 열매 하나 맺지 못한 무실無實한 존재가 아닐까?

그런 착잡한 생각에 젖어 정상에 오른다. 사방이 눈 아래에 보인다. 확 틘 전망 앞에 서니 미련이 뭉게구름처럼 피어오른다. 산속에서 1년에 한 번 열매 맺는 산수국도 저러한데 노상 글을 쓰면서 헛꽃 한 번 피워보지 못한 아쉬움이 자책감으로 다가온다.

때늦은 지금부터라도 내 마음의 시공간에 헛꽃 한 송이 피워봐야겠다. 산수국의 알뜰한 정성으로, 그런 마음가짐으로. 누가 알겠는가, 튼실한 진꽃 열매 하나 맺힐지.

인서록人瑞錄*이 주는 교훈

날로 인정이 메말라 간다. 이구동성으로 전과 같지 않다고 한다. 그래선지 정조正祖 임금의 지극한 효심과 경로심敬老心이 가슴을 울린다. 인서록이 그러하다.

인서록은 축수祝壽하고자 장수한 백관들에게 내린 교지와 상을 기록한 책이다. 1794년(정조18) 9월 24일 완성되어, 정조 임금이 편전에 들어 친히 받았던 어정인서록御定人瑞錄을 이른다.

이 행사에 앞서 정조 임금이 잔치를 열었다. "올해가 바로 21대 국왕 영조의 계비繼妃 정순왕후貞純王后 자전慈殿은 오순五旬이 되고, 헌경왕후獻敬王后 자궁慈宮은 육순六旬이 되는 해이다. 천 년에 한 번 있는 큰 경사"라고 하여, 정월 초하루에 백관을 거느리고 자전과 자궁에 하례하고, 큰 은덕을 베풀었다.

중앙과 지방의 조관朝官은 70세 이상, 사서인士庶人은 80세 이상 되는 사람들과 80세는 되지 않았지만, 부부가 해로한 이에게 차등 있게 작위를 하사했다. 모두 7만5천 1백45명이었다.

정조 임금이 늙은 여러 신하에게 술과 음식을 베풀어 주면서 이르기를 "이것은 자궁이 하사하는 것이다. 오늘 경들이 들어올 때를 위해서 이것을 차려놓고 기다렸던 것이니 경들은 모름지기 각기 취하도록 마시고, 배부르게 들라. 그리고 나머지는 아들과 손자에게 주도록 품고 갈 만한 것은 품고 가서, 처자와 더불어 오늘의 이 즐거움을 빛나게 하라."라고 하였다.

어머니인 자궁에 남달랐던 정조 임금이다. 근세에 좀처럼 보기 드문 효심이 아닌가. 어머니의 육순 경사를 맞아 나이든 신하와 백성에게 작위까지 하사했던 그 시절의 효심과 인정이 못내 아쉽다. 임금이 몸소 그리하였으니 백성의 효심도 지극하였다고 한다.

그랬던 '효孝 문화'가 언제부턴지 퇴색해 가고 있다. 우리의 자랑이었던 동방예의지국東方禮儀之國이란 말이 이제 무색하다. 특히 나는 그런 예의를 지키지 못한 불효란 생각이 든다. 정조 임금의 '효'에 견주는 건 위상이나 처지에 맞지 않겠지만, 자식으로서 어머니에 대한 '효'엔 다름이 없지 싶다.

솔직히 나는 '예의지국'의 위상을 지키지 못한 아쉬움이 태산 같다. 일이 곧 선善인 줄만 안 순진무구한 삶, 수출이 그리도 중요했던가. 장기간 외국 근무로 어머니의 육순 잔치를 베풀어드리지 못한 불효의 맏이다. 그뿐만이 아니다. 여러 사람 앞에서 어머니에 대한 은덕을 기리지 못했기에 몸 둘 바를 모르겠다.

정조 임금은 자궁의 육순에 7만5천 명이 넘는 늙은 신하와 백성에게 작위까지 하사하였으니 임금의 어머니는 얼마나 기뻐하셨을까? "평생에 고쳐서 하지 못할 일이 '효'라는 걸" 한두 번 배운 게 아니다. 인간의 기본 예禮를 실행하지 못한 불효가 어서록을 읽으면서 땅을 친들 무슨 소용이 있겠는가. 다시 할 수 없는 '효'가 안타까울 따름이다.

이제나마 못다 한 여한을 일깨워주는, 회한의 교훈을 주는 '인서록'이 고맙다. 훈훈하고 따뜻했던 그 시절의 임금과 인심, 그 효심이 그립기만 하다.

*인서록: 네 권 두 책으로 된 책의 이름. 정조 18년(1794) 영조비 김씨의 오순五旬과 혜경궁 홍씨惠慶宮 洪氏의 육순을 기념하여 장수한 백관들에게 위계에 따라 교지와 상을 내린 일을 기록하였다.

은행나무의 분신 사랑

누가 제 분신을 사랑하지 않을까마는 은행나무의 '분신 사랑'은 유별나다. 우리를, 나를 일깨운다. 가슴을 데우는 지극한 정성이다.

그 첫째가 열매 사랑. 구시월 경에 열리는 황색의 종자는 크게 바깥쪽 육질 층과 딱딱한 중간 껍질, 그리고 그 안쪽의 얇은 껍질로 이루어진다. 그중 황색의 육질 층은 고약한 악취를 풍긴다. 그 냄새 때문에 각 지역에서 암나무에 대한 민원이 많아져 간다.

제 분신을 지키고자 고약한 냄새를 만드는 은행나무를 가로수로 심는 까닭이 있다. 다른 나무에 비하여 이산화탄소 흡수율이 높아 공기를 정화하고, 버드나무처럼 꽃가루가 날리지 않으며, 병충해에 강하고 미관에도 좋기 때문이다. 전국 가로수의 20%, 도시 가로수의 40% 이상을 차지한다. 하지만, 서울시를 비롯하여 지방자치단체가 은행의 악취 민원 때문에 점차 암나무를 수나무로 바꾸어 가고 있다.

은행은 식용하거나 약용한다. 씨를 구워 먹거나 전골 재료로 사용

할 뿐 아니라 한방에서는 천식과 기침을 그치게 하는 데 쓴다. 또한, 은행잎에서 추출되는 '징코플라본 글리코사이드*'는 혈액순환 개선제로 널리 쓰인다.

열매는 어떻게 악취를 만들까? 육질 층의 점액 물질로 '빌로볼Bilobol'과 '은행산Ginkgoic acid'을 함유해 음식물이 썩는 듯한 악취를 풍긴다. 이 냄새는 사람이나 벌레가 열매에 근접하지 못하도록 하는 은행나무 나름의 지극한 '분신 사랑'이다.

그 둘째가 잎 사랑. 소나무·향나무·전나무 등 대부분의 겉씨식물은 잎이 침상針狀인데 반해 은행나무의 잎은 부채꼴로 중간부위가 갈라진다. 봄에 새잎이 돋고 가을에 노랗게 단풍이 물든 후 낙엽을 떨군다. 많은 단풍 가운데에 은행나무 잎의 노란 형광이 가장 밝게 빛난다.

애초 제 안에 담아뒀던 '카로티노이드*'라는 성분이 가진 본디 색깔이 노란색이다. 다른 식물의 잎처럼 은행나무 잎도 광합성부터 해야 했기에 그 작용을 맡은 초록의 엽록소에 앞자리를 양보한다. 여름내내 엽록소 아래에서 숨죽인 노란색이 때를 기다리며 벌레가 깃들지 못하게 하면서, 자신을 강하게 지키도록 하는 은행나무의 극진한 사랑이다.

그렇다. 은행나무는 선선한 가을바람이 불어오면 임무 교대를 시킨다. 잎에 초록빛이 물러나고 노란빛이 고개를 들게 한다. 이렇게 정성을 들이는 암나무의 모성애는 각별하다. 새들새들해진 잎 어디에도 벌레에 갉아 먹힌 흔적이 없다. 흠 하나 없이 제 본디 색깔로 키워주는 지극한 은행나무의 '분신 사랑'이 아닐까. 그렇게 사랑하지도, 정성을 들이지도 못한 나의 분신에 대하여 미안한 마음이다.

만남과 헤어짐을 숱하게 되풀이해온 은행나무 잎은 떠날 때 더 아름답다. 반짝반짝 빛나는 고운 뒷모습을 보이는 단풍이야말로, 참 아름다운 생명이지 싶다.

세상에 은행나무만큼 제 분신을 챙겨주는 나무도, 사람도 드물 것이다. 그의 '열매 사랑', '잎 사랑'을 우리는, 나는 배워가야 하지 않을까? 그 지극한 정성을.

*징코플라본 글리코사이드Ginkoflavonglycoside: 좁혀진 혈관을 확장해 혈액순환을 원활케 한다. 당뇨, 중풍, 고혈압, 동맥경화 등의 치료제로 쓰는 성분

*카로티노이드Carotenoid: 동식물에 널리 분포된 노란빛 또는 붉은빛 색소의 한 무리

소확행小確幸

눈이 침침하다. 티브이만 쳐다보고 앉았으니 햇볕마저 찾아와 나를 일깨운다. 파란 가을 하늘 아래 부서져 내리는 햇살을 밟고 싶다.

여의동東로로 나오니 샛노란 은행잎이 눈처럼 휘날린다. 눈부신 그 길을 한참 걸으니 샛강역이다. 이끌리듯 전차에 오른다. 우대석 창문 너머로 발 빠르게 움직이는 행렬 속에 끼고 싶다. 요즘 유행어로 뜬 '소확행', 이미 신조어로 표준국어대사전에 오른 게 확신을 준다. '소소하지만 확실한 행복'이란 뜻이다.

며칠 전에 들은 친구의 말이 떠오른다. "새로운 사회 풍조로 그날그날의 작은 즐거움을 찾아, 누리는 게 노년의 행복이다."라고 한 말이 바로 '소확행'이다. 은근히 젖어보고 싶은 행복이다. 그런 생각을 하면서 노량진역에 내린다.

쭉 뻗은 구름다리를 건너 수산시장 입구에 들어선다. 수도권 식당 주인이 다 모인 것처럼 인파가 줄을 잇는다. 왁자지껄하다. 초등학교 시절 영천永川 장터에서 맡던 풋내가 확 풍긴다. 좁은 길 양쪽에 식자재가 즐비하다. 할머니, 아주머니 앞에 밥상처럼 놓인 미나리·들깻잎·애호박·가지·생고추·깐마늘·생강·도라지·당근·양파·고구마줄기….

더덕내가 풍겨온다. 껍질 벗기던 할머니가 나를 반겨준다. "어제 산에서 캐 왔심더"라며 싱싱함을 자랑한다. 어릴 적 어머니가 구워주시던 더덕구이! 달차근했던 그 맛을 생각하니 침이 괸다. 깐 더덕을 두드려 편 다음 갖은양념을 발라 노릇노릇 구워내면 그 쌉싸름한 맛은 먹어보지 않은 사람은 모른다.

껍질을 깐 더덕 일곱 뿌리를 골라 지갑을 연다. 만 원을 건네니 양손으로 받으며 "고맙심더, 오늘 개시라 한 뿌리를 더 드릴게요."라는 할머니의 주름진 얼굴에 꽃이 핀다. 물씬 풍기는 더덕 향기에 내 마음도 즐겁다.

그 골목을 벗어나자 떠들썩하다. "자, 펄펄 뛰는 전어"라는 목쉰 아저씨의 호객 소리. 대형 플라스틱 수조水槽가 좁다고 퍼덕이는 생선, 광어·농어·우럭이 꼬리를 치며 빙빙 돈다. 누군가에게 팔려 가기 싫다고 도망치는 듯하다. '안심하여라, 나는 네 생명을 가져가지 않을 테니.'라고 중얼거린다. 그때다.

수족관에 헤엄치는 꽃게가 보인다. 아내가 가장 좋아하는 바다 생물이다. 손바닥만 한 게가 집게발을 폈다 오므렸다 한다. 몽글몽글 살진 게의 쫀득한 식감과 달곰한 게살 맛이 구미를 당긴다. 1kg(다섯 마리)에 만오천 원을 지급하고 얼른 큰길로 나오면서 핸드폰을 연다.

"싱싱한 꽃게 샀어요."

"어쩐 일이에요! 어서 가져와요."

'꽃게가 살아있는 동안 집에 닿아야지.' 비닐봉지 안에서 꿈틀대는 집게발 놀림을 감지하며 귀가하는 내내 흐뭇하다. 가슴이 뿌듯하다. 반갑게 맞이할 아내 얼굴이 떠올라 절로 걸음이 가볍다. 노릇하게 구워 먹을 더덕 맛 또한 입맛을 다시게 한다. 양손에 든 산과 바다의 선물이 그저 마음을 설레게 한다. 이런 즐거움과 흐뭇함이 '소소하지만 확실한 행복'이 아닐까?

'소확행', 그게 오늘 같은 장보기에서만 있는 게 아니다. 우리의 소소한 일상에서도 수없이 많다. 누군가와 만남에서, 대화에서, 천진난만한 아이의 도리질에서….

깨닫고 나니 지나온 삶이 아쉽다. 짧지 않은 긴 세월 동안 보이지 않은 화려한 '꽃동산'만 찾았다. 그래선지 가져 보지 못한 큰 행복보다 일상의 일에서 확실한 작은 행복을 찾아야겠다. '티끌 모아 태산이다.'라고 하지 않은가. 작은 행복도 쌓이면 큰 행복이다. 남을 즐겁게 하거나 나의 자잘한 기쁨, 이를테면 답답할 때 창문 열고 들이마시는 시원한 공기에서도 행복을 느낄 수 있는 마음의 자세를 가다듬어야겠다. 그런 '마음의 작은 문'을 열어가야겠다.

마음 베란다 하나 둬야겠다

좁은 아파트에 베란다가 필요하듯이 좁디좁은 내 마음에도 베란다 하나 있었으면 싶다.

한 평의 공간이 아쉬운 아파트다. 그래선지 아파트 베란다만큼 요긴한 데가 또 있을까? 소중한 베란다다. 두어 평 남짓한 공간이 두루 쓸모가 많다. 밖으로 트인 창문을 통해 마포대교 너머로 유유히 흐르는 강물을 내다보고, 석양 무렵이면 서강대교를 붉게 물들이며 하루를 마감하는 서쪽 하늘을 바라본다. 나의 고단한 하루도 저 물결과 노을에 실어 보내면서.

전망대 역할만이 아니다. 그 좁은 베란다가 긴요하게 쓰일 때가 많다. 먹을거리를 품 안에 안아준다. 3, 4일마다 장 본 식자재를 거기에 부려놓고 분류한다. 우선 우유·주스·과일 등은 냉장고에 넣고, 생수는 베란다 뒷부분에 가지런히 줄 세운다. 수시로 꺼내 쓰는 마늘·감자·양파 등은 앞부분에 놓는다.

그리고 양쪽 구석에 조용히 앉은 소금·고추장·된장·간장 통은 이곳의 터줏대감이다. 또한, 창가에 놓인 꽃들이 피고 지며 열매 맺는 곳도 이 베란다다. 이처럼 좁은 공간을 유용하게 쓸 수 있는 내 마음 한쪽에도 베란다 하나 있으면 얼마나 좋을까. 아파트보다 더 좁디좁은 마음이 아닌가.

여유라곤 없는 마음, 무엇엔가 쫓기듯 서두르기 일쑤다. 언제부턴지 메마른 마음에 조마조마한 나날이다. 성냥갑 같은 콘크리트 틀 안에 머물기 때문일까. 아니면 팍팍한 일정에 얽매여 사는 까닭일까. 그도 아니면 촘촘히 짜인 도시 생활에 밀리고 눌려 내 마음이 움츠리들었을까? 새가슴이 됐다.

'마음 그릇'은 좁은 데다 욕기慾氣가 넘쳐난다. 다양화하는, 선택의 폭이 넓어져 가는 문명은 내 마음을 동요시킨다. 많은 선택할 거리를 던져준다. 이를테면 손전화만 해도 그렇다. 손에 익숙할 만하면 얇고, 가볍고, 테두리가 매끈하고, 화면이 밝디밝은 신제품이 나와 나의 시선을 당긴다. 마음을 들뜨게 한다.

기기만이 아닌 일상 언어도 새말을 만들어 수시로 띄운다. 웹web, 댓글, 네티즌, 누리꾼 등의 신조어를 놓칠까 봐 컴퓨터 화면에서 눈을 떼지 못한다. 그도 그럴 것이 쓴 글을 때때로 새로운 말로 바꿔야 하는 번거로움이 있다. 다음에는 어떤 말이 다시 나올까, 늘 긴장하게 하는 시대의 물결이다. 내일은 또 무엇이 눈길을 끌며, 어떤 바람이 불어올까?

초조한 나날이다. 안정되지 않은 마음은 바다에 뜬 조각배처럼 흔들린다. 느긋하지 못한 까닭이다. 수시로 신구新舊가 교차한다. 아날로그와 디지털이 혼재하는 시대, 마음이 힘들다는 건 더 발전하고 진화하는 과정이긴 하지만, 과부하가 걸리는 내 마음이다.

늘 가로세로로 얽히고설키는 욕기와 소망으로 어리둥절하여 스트레스로 이어진다. 이러한 물결과 어설픈 꿈· 소망· 기대를 잠재우며, 때때로 흔들리는 마음을 붙잡아 둘 '마음 베란다 하나 둬야겠다'. 우리 집 아파트의 베란다같은.

하면, 뒤엉킨 착잡한 생각도 정리되고, 스트레스도 덜 받을 것 같다. 또한, 내 마음도 좀 느긋해지지 싶다.

3부
찔레꽃, 그 향기가 일깨운 소리

문득 나의 어린 시절이 떠오른다. 찔레꽃 향기를 맡던…, 그 덩굴이 눈앞에 어른거린다. 코를 벌름거리면서 산뜻한 향기를 맡으며 따먹던 여린 순의 그 향긋한 맛. 그 향과 맛에 대한 미련일까.

그림: 장순월

재능기부라도 해야지

‘기부’라는 말만 나오면 저절로 마음이 움츠러든다.

살아오면서 기부하지 못했기 때문이다. 그도 그럴 것이 형편이 어려웠다. 말단 공무원 생활 8년여, 군대 복무 3년, 그러곤 쭉 국영 서비스 기관인 코트라에 30여 년 몸담았으니, 경제적으로 남을 도울만한 처지가 아니었다.

“어디 여유가 있어야 기부하느냐?”라고 반문한다면 별로 할 말은 없지만, 사실 생활하기 바빴다. 공무원으로 근무할 때는 1950~60년대로 나라 재정이 어려웠다. 지금처럼 월급이 많지 않았다. 그나마 전액 현금 지급이 아니었다. 세수 부진으로 국고에 돈이 없었다. 월급의 반은 구호 식량으로 들어온, 밀가루나 안남미 쌀, 아니면 보리쌀을 받았다.

코트라 재직 중에도 생활이 어려운 건 마찬가지였다. 다른 국영기업처럼 영리사업을 하지 않았다. 업계에 수출길을 트는 업무였다. 비영리 서비스 기관이었기에 돈과는 거리가 멀었다. 당시만 해도 외채가 많은 우리나라였기에 외국 근무하면서 달러로 받는 월급이 많을 수가 없었다. 기부하지 못한 변명 같지만, 나라나 나나 가난했던 시절이었다.

퇴직 후 중소기업청과 중소기업진흥공단에서 영세기업 수출 자문을 했다. 7년간 150여 업체를 지원했지만, 실비에 가까운 나랏돈을 받았으니 기부가 아니었다. 그러다가 십여 년 전부터 농장을 마련하여 조경수를 키우고 있다. 땀 흘려가며 가지 치고, 풀 뽑고, 물 주는 일이라서 건강에는 도움이 되고 있지만, 금전적인 여유는 아직도 누리지 못하고 있다. 그러니 나는 기부하고는 거리가 먼 생활을 해왔으며 지금도 그러하다.

수명이 길어졌기 때문일까? 요즘 매스컴을 통해 '재능기부'란 말이 뜬다. 퇴직하고도 삼사십 년을 놀고 지나니 지루한 데다, 지난날 현장에서 쌓은 노하우나 재능을 필요한 분야에 제공하는 기부를 일컫는다. 가진 재능을 사회에 이바지할 뿐 아니라 본인도 무료한 시간을 뜻있게 보내는 일이다.

내게도 재능이 있을까? 어쩌면 '수출길 찾는 노하우'도 하나의 재능이지 싶다. 지난 30여 년간 수출 시장 일선에서 뛰었던 현장 경험, 바이어 발굴, 영문 거래제의서 작성, 외국인과의 상담 기교, 빈틈없는 수출계약서 쓰기, 수출 클레임 처리 등의 업무가 영세기업이나 중소기업체에 도움이 될 것 같다.

전에 중소기업체에 자문하던 컴퓨터 창을 다시 열어 업데이트를 해야겠다. 그리하여 인터넷 포털 사이트에 블로그blog를 열어, 재능기부라도 해야지. '수출길 찾는 집'이란 이름으로, 움츠러드는 나의 마음 다스림으로.

어려운 날의 즐거움

인제 생각하니 어려운 날에 즐거움이 있었다. 직장 생활하면서 한고개 한고비를 넘는 '성취의 즐거움'

오일륙 군사 정변 후였다. 잘살아 보자며 '수출입국輸出立國'을 표방하고 설립한 코트라에 들어갔다. 서울 본부는 업무를 기획하고 지원하는 부서였으며 주 무대는 수출 시장이 있는 외국이었다.

당시 외국에 나가기가 어려웠다. 나라 외채가 많아 달러를 아껴 써야 했기에 관광 여권을 발급하지 않았다. 그래선지 코트라 직원 누구나 무역관 근무를 선호했다. 하지만, 시험의 관문이 있었다. 파견 희망국의 언어는 물론 영어 구사 능력을 평가받아 합격해야 선발 대상이 되었다.

그 전 단계로 코트라 부속 수출학교 소정 과정을 마치고, 영어와 일어 학원에 다녔다. 밤낮으로 이어폰을 끼고 살면서 외국어 듣기 연습을 하였으니 고생과 어려움이 많았다. 그러던 5년 만에 시험을 쳤다. 서울대 어학연구원에서 시행한 영어 토익 시험에 어렵사리 합격(800점 이상)했을 때 펄쩍펄쩍 뛰었다. 그렇게 즐거울 수가 없었다. 가족과 같이 비행기를 타는 상상을 하며 하는 일 모두가 즐거웠다.

일어도 그와 같은 과정을 거쳐 1971년 3월, 신설 나고야무역관에 부임했다. 시장을 개척할 예산이 없었다. 세일즈 광고나 홍보는 엄두도 내지 못했다. '수출 상담' 하면 샹들리에 불빛 아래 무역상사 대표와 커피를 마셔가며 가져간 샘플에 대한 수입을 권유하는 일로 상상했는데 현실은 그게 아니었다.

태산 같은 수출 목표액이 걸음을 재촉했다. 분기마다 거래 성약 보고를 해야 했으니 그럴 시간의 여유가 없었다. 수출할 상품이 있는 현장으로 달려가는 게 빠르지 싶었다. 그러나 들고 갈 상품 샘플이 변변치 않았다. 수출할 품목이라야 한약재, 인삼 같은 농수산물, 가내수예품인 자수제품, 나전칠기를 비롯한 공예품, 도자기, 스웨터, 신발 등이 주류였다.

'현장으로 가자.' 밤새도록 생각한 결단이었다. 무역관 개관 행사 때 인사한 낚시용품점을 찾아가기로 마음먹었다. 낚싯대 견본 몇 개 들고 바닷바람 몰아치는 해변으로 달려갔다. 사장이 반갑게 맞아줬다. 낚싯대 수입을 권유하자, 사장이 사원들과 상의하더니 낚싯대 대신 다른 품목의 수입을 제의한다.

"갯지렁이부터 해 봅시다."

"산 갯지렁이요!"

그렇게 놀라며 시작한 상담이 수출길을 텄다. 첫 계약이 35,000달러(500kg)였지만, 물결이 물결을 일으켜 점차로 품목이 늘어났다. 낚싯대·낚싯바늘·낚시통·낚시용 의자·낚시 백·우의 등으로 다양해질 뿐만 아니라 이웃 가게, 이웃 도시로 소문이 나 수요처가 많아져 갔다. 구름처럼 퍼져갔다.

그런 '물결 효과'는 낚시용품만이 아니었다. 보들보들한 한지 화장지도 여성용으로, 떫은 감도 기모노 염색용으로, 오징어 김말이도 맥주 안주용으로 주문을 받아 신규수출 상품이 되었다. 당시 본부엔 매월 한 번씩 상공부장관 주관으로 아이디어뱅크, 즉 수출 아이디어에 대한 발표회가 있었다. 두 차례나 신규 수출한 공적을 인정받아 상을 받았으니 즐겁지 않을 수 없었다.

그 시절 수출길 트기는 터지는 봇물 같았다. 한 번 길이 열리면 이 회사, 저 상사로 소문이 나 우르르 몰려왔다. 거리가 가깝고 가격이 싸다는 게 이유였을까? 날이 가고 달이 갈수록 수입상이 늘어나고 수출 품목도 다양해졌다. 수출액이 기하급수로 증가했다. 물량을 늘려가며 반복 공급하니 사무실 실적판 화살표가 쭉쭉 올라갔다. 쳐다볼 때마다 발이 아파도 위안이 됐다. 아니, 즐겁고 즐거웠다.

그다음 부임지는 브라질 상파울루였다. 세계 제일의 외채국으로 일반 소비상품은 거의 수입규제에 묶여 있었다. 자국에서 생산되지 않는 수출용 원부자재 일부만 수입을 허용하였다. 그러다 보니 이 나라에 대한 수출 실적이 저조하였으며 뛰어다녀도 실적이 오르지 않았다.

부임한 지 6개월 만에 본국으로부터 경고장이 날아왔다. 분기별 심사분석 결과, 중소기업제품 성약成約 실적이 부진하다는 이유였다. 계속 실적이 좋지 않으면 본국으로 소환한다는 내용이었다. 큰일이지 싶었다. 잠이 오지 않았다. 쓸 데가 그리 많지 않은 포르투갈어를 투덜거리며 배우던 애들이 이제 겨우 말문을 트는데, 이 일을 어떻게 하나! 고민하던 어느 날 신문기사가 내 눈을 당겼다.

세계은행World Bank 자금으로 펼치고 있는 브라질 전력화電力化 사업에 필요한 자재를 국제입찰로 구매한다는 내용, 이게 기회이다 싶었다. 부랴부랴 현지 전력공사를 찾아갔다. 부사장을 만나 우리나라에 초청하였다. 국내 H 사를 비롯한 중전기重電機 공장을 시찰케 하고, 국제입찰 업무에 밝은 이곳 변호사를 우리의 에이전트로 선임하였다. 그런 활동으로, 대형 변압기 350만 달러 상당액의 첫 낙찰을 받았다. 국제입찰을 통한 브라질 수출길이 트였다.

'첫 수출', 한반도 면적의 38배에 달한다는 넓은 땅에 얼마나 많은 변압기가 필요할지 상상하니, 그저 즐거웠다. 그날의 태양은 유난히 밝고 빛났다. 두 손 모아 해님에게 감사 또 감사했다. 안절부절못한다는 말은 이럴 때 쓰지 않나 싶었다. 낙찰 결과를 본국에 보고하는 내내 성취의 즐거움이 나를 어리둥절하게 했다. 주재국 대사도 격려 전화를 해주었다.

즐거움은 일하면서 난관에 처했을 때, 어려움에 부닥쳤을 때 찾아오는 구원의 천사 같은 것이지 싶었다. 우리나라도, 나도 어려울 때 성취의 즐거움이 있었으니.

갯지렁이 수출길이 열렸을 때도, 브라질 넓은 땅에 메이드 인 코리아Made in Korea 변압기 공급 길이 트였을 때도 안절부절못하던 그 감격을 다시 한번 맛보고 싶다. 어려움이 있기를 바라며 이 일 저 일에 손을 댄다. 나무 키우는 일, 채소 심는 일, 시 쓰는 일…. 이 저물녘 나이에 어려운 날을 기대하는 아이러니, 그만큼 '즐거움'이 아쉬운 요즘이다.

땀 흘려 누리는 작은 행복

살다 보면 땀 흘리고 싶은 날이 있다.

두어 뼘 자란 왕벚나무 묘목을 사다 심은 지 육 년째다. 이제 내 키보다 높이 자라 바람 따라 흔들리는 나뭇잎이 마치 나를 반겨주는 듯하다. 나무도 자식처럼 키우다 보면 정이 든다. 흙이 건조하면 물 주고, 잡풀이 자라면 김매주고, 덧나는 가지를 잘라주면 곧게 잘 자란다. 거의 출가할 성목成木이 되어 간다.

이때다 싶은지 덩굴이 왕벚나무 가지를 타고 우듬지에 올라 목을 죄고 있다. 한두 그루가 그런 게 아니다. 오백여 주 가운데 반은 그런 것 같다. 침 같은 가시가 줄줄이 달린 덩굴식물, 며느리밑씻개다. 땅 위로 고개를 올릴 때 뽑아내곤 했지만, 워낙 생명력이 강해 몰라보게 잘 자란다. 일주일이면 내 키 높이의 우듬지 제일 봉에 올라서서 점령군처럼 고개를 번쩍 들고 있다.

'가시로 목을 죄니 얼마나 아플까?'라며 그 덩굴의 줄기를 낫으로 잘라 장갑 낀 손으로 힘껏 당겨가며 걷어낸다. 더러는 줄기를 자를 때 내게 항의라도 하는 듯 제 점액粘液을 내 옷에 뿜어낸다. 마치 떫은 감물처럼 옷에 자국을 남긴다. 원한의 흔적은 비누로 씻어도 잘 지워지지 않는다.

그렇게 덩굴과 씨름하다 보면 온몸에 땀이 난다. 두 고랑만 덩굴을 걷어내면 이마에 땀방울이 주르르 흘러내린다. 노상 허리에 찬 수건으로 눈언저리를 훔치기에 바쁘지만, 나무가 목 졸림에서 해방돼 마음이 놓인다. 나뭇가지도 내게 감사하는 듯 잎사귀를 흔든다.

사래 긴 너덧 고랑에 솟아 있던 그 기세를 다 꺾고 나니 해는 서산을 넘는다. 땀을 쏟아냈더니 목이 마르고 다리가 후드득거린다. 냉수를 마셔가며 잰걸음으로 지하수 펌프실에 들어가 샤워를 한다. 지하 25m에서 올라오는 물이 시원하다. 날아갈 듯 기분이 좋다. 어디서 이런 즐거움을 만끽할 수 있을까 싶다.

온몸을 깨끗이 씻고 농막으로 돌아와 냉장고에서 캔맥주를 꺼낸다. 꿀꺽꿀꺽 마시는 목젖의 쾌감은 땀 흘리지 않으면 맛볼 수 없는 즐거움이다.

밭에서 따온 오이로 만든 냉채를 곁들여 먹는 저녁밥도 꿀맛이다. 흘린 땀이 주는 허기에 평소보다 밥을 더 많이 먹고 앉았으니 잠이 스르르 온다. 밤잠 못 이뤄 뒹굴던 긴 밤이 옛일인 것 같다. 곤히 자고 이른 새벽에 잠을 깨니 기분이 상쾌하고 몸이 한결 가볍다. 정신도 맑아 쓰던 글의 뒷말이 술술 풀린다.

'즐거움'이 별난 걸까. 땀 흘려 애지중지하며 키우던 왕벚나무의

'목 졸림'을 풀어주고, 꿀맛으로 밥 잘 먹고, 무심결에 스르르 잠드는 그만한 '일상의 즐거움'이 또 어디 있을까? 오늘도 큰애가 보내온 챙이 넓은 텍사스 모자를 눌러 쓰고 밭고랑에 드는 까닭이다. 일하니 벚나무도 반겨주고 나 또한 즐겁다.

가볍게, 천천히

<가볍게, 천천히>, 다가오는 새해의 생활신조다.

얼마나 무거운 짐을 지고 살며, 시간에 쫓기어 서둘기에 이런 신조를 정할까? 과욕으로 걸어온 세로世路에 덩굴처럼 얽히고설킨 직職이 한둘이 아니다. 이사·자문위원·지도위원·고문 등의 간판을 달고 산다. 여러 단체에 목매어 있어 수시로 모이는 행사에 얼굴을 내민다. 바쁠 수밖에 없는 일상이니 때때로 서둘다가 사고를 낸다.

지난 12월 21일 중학교 동창의 송년 모임에 갈 때다. 정한 시간에 닿을 수 없을 것 같아 서둘다가 지하철 계단을 헛디딘다. 근육이 깜짝 놀랐는지 무릎이 쓰리다. 장딴지가 퉁퉁 부은 채로 절룩거리며 뷔페 식당에 닿는다. 기다리던 십여 명의 박수를 받으며 들어서니 모두가 의아해한다.

"왜 다리를 절어요?"

"동창들 빨리 보려고 용을 쓰다가 그만 계단을 헛디뎠지요."

"올해 액땜을 하셨군!" 회장의 말이다.

"새해에는 서둘지 말라는 하늘의 계시이지 싶어요."

자리에 앉자 회장이 건배를 제의한다. "우리 모두의 건강한 기해년己亥年을 위하여". 술잔을 부딪치며 잔을 비운다. 돌아가며 근황과 올해의 성취를 소개할 때, 나는 내세울 만한 자랑거리가 없어서 "전처럼 조경수 키우며 농장에서 소일하고 지내요"라며 얼버무린다. 옆 사람에게 마이크를 건네고 나니 허망하다.

무엇 하나 이룬 게 없는 올해! 해마다 받던 문학상 하나도 수상하지 못한 2018년이다. 신조는 심사숙고하여 정해 놓고 연초에 한두 번 시도해 보다가 작심삼일이 되고 만다. '붓글씨 쓰기'. '그림 그리기', '기타 치기', '하루 만 보 걷기'가 그렇다. 그래 놓곤 연말이면 으레 가슴을 두드린다. 거리에 흘린 시간을 아쉬워하며. 하지만 중단한 신조는 미룬 숙제가 돼 '삶의 무게'로 작용한다.

이룬 일 하나 없이 서둘다 사고만 낸 한 해. 지난봄 벚꽃이 한창일 때 C 산악회 총회에 가던 길이었다. 그날도 시간이 늦어 급한 마음에 주행선으로 차선 변경을 하다가 그만 달려오던 차와 부딪쳤다. 운전 오십여 년 만에 첫 사고를 냈다. 이십 년 무사고로 받은 1종 면허의 명예가, 모범 기사라고 뽐내던 자랑거리가 깡그리 날아간 날이었다. 그날의 아픔이 아직도 가라앉지 않고 있다.

그뿐만이 아니었다. 지난 한여름 더위를 피할 요량으로 물왕저수지에 낚시를 드리웠다. 한 시간이 넘도록 낚시찌를 바라봤지만, 소식이 없었다. 내 자리에서 십여 미터 떨어진 버드나무 옆에선 찌가 춤추더니 월척을 건졌다. 괜한 욕심에 그 사람 가까이 자리를 옮기다가 물속으로 미끄러졌다. 깊은 물에 빠져 허우적거릴 때 구조받던 일이 어제인 듯 새롭다. 사고는 여기서 끝나지 않는다.

사고라기보다는 건망증이다. 조경수 천여 그루를 키우는 농장에서다. 한참 땀 흘리며 잡초를 뽑는데 핸드폰이 울린다. S 문인회 총무다. "지금 어디쯤 와 있어요?" 아차 싶다. 보내 놓은 시조의 낭송 일을 잊고 있었으니! "나의 낭송 순번을 마지막으로 돌려주십시오"라며 콜택시를 부른다. 시흥에서 서울까지 달리면서 가슴이 탄다. 택시 요금은 찰깍찰깍 올라가고 시간은 자꾸만 흘러가기 때문이다.

이처럼 길거리에 흘린 시간이 얼마나 많은가. 별로 얻는 것도 없이 여기저기에 드나든다. 문학 분야만 해도 수필·시조·문학평론 단체 아홉 군데, 군대 동기회, 향우회, 산악회, 초등학교에서 대학까지 각각의 동창회, 직장 동우회 등에 쫓아다니느라고 올해의 설계는 뒷전이 되었으니. 성취가 없는 건 당연하다. 어찌 보면 이곳저곳을 기웃거리는 것도 일종의 과욕이다. 짊어진 짐을 과감히 벗어야 한다. 덜어내야 할 무게다.

느긋이 기다리지 못하고 몇 발자국 앞서가려고, 남보다 조금이라도 더 큰 고기를 건지려고 욕심을 부린다. 그러다가 자잘한 사고를 자주 낸다. 난 왜 이리 성급할까? 늘 쫓기듯 달려온 지난 삶의 타성 탓일까. 아니면 아직도 남은 노욕 때문일까?

누군가 말했다. '자기를 극복해야 한다.'라고. 늦었지만 지금부터라도 나를, 마음속 욕심 많은 나를 다독여야지. 좀 더 나은 나를 위하여 요즘 해처럼 떠오른 소확행小確幸(작지만 확실한 행복)을 받아들여야

겠다. 작고 손쉽게 실천할 수 있는, 행복할 수 있는 사소한 신조로 살아가야겠다,

이를테면 아침에 한 시간씩 산책하기, 하루에 글 한 편 읽기, 일주일에 글 한 편 쓰기, 한 달에 한 덩굴씩 욕심 걷어내기 등으로 '실천의 즐거움'을 쌓아가며 사는 게 소확행이지 싶다. 작은 목표를 여러 차례 달성하는 성취이기 때문이다.

이를 위해 우선 '짐을 가볍게 하자'. 이 나이에 겉치레가 어디 한두 가지인가. 단체 회원 가입도 그중 하나다. 뚜렷한 역할도 없으면서 이 단체 저 단체에 문패처럼 이름을 건다. 남들 보기에 많은 일을 하는 체한다. '사치다'. 경력란에 여러 단체명을 나열하는 게 속 빈 강정이 아닌가. 단순하게 가볍게 마음을 다스려야겠다.

'인생 겨울'을 사는 현실을 인식하고 떨굴 건 단풍처럼 떨궈야겠다. 나의 시계는 평균 수명의 연령을 지나 덤으로 살고 있지 않은가. '연륜의 덤'으로 받는 직책, 간판에서 벗어나야 할 때다. '함께하자'란 권유를 겸손하게 사양하는 것이야말로 수명이 길어가는 오늘날, 내가 취해야 할 '짐 덜기' 방안이지 싶다.

'천천히 걸어야지'. 정신마저 어둑해진 이 나이에 뭣이 그리 급하다고 뛰어다니는가? 서둘지 말고 또박또박 걸으면서 K 친구처럼 지팡이도 짚고 다녀야겠다. 모임에 좀 늦으면 어떠하랴. 시간의 굴레에서 벗어나 좀 홀가분해져야겠다.

그리하여 내년 연말에는 '작은 기쁨'이 눈처럼 쌓인 성취를 동창 모임에서 조곤조곤 말해야겠다. 일상에서 작고 손쉽게 실행할 수 있

는 사소한 목표로, 연말에 성취하지 못해 아쉬워하지 않을 신조로 살아가야겠다. 어깨는 가볍게, 걸음은 천천히.

밥맛을 찾아준 선물

도쿄 사는 큰딸로부터 선물을 받았다.

"아빠가 입맛을 잃어 밥을 물에 말아 식사한다."라는 말을 제 엄마로부터 전해 듣고 일본식 우엉 장아찌를 보내왔다. 호박 줄기만 한 굵기의 우엉 뿌리에 간장 내가 난다. 설명문에 적힌 대로 3~4일간 간장에 숙성하여 간이 짜지도 싱겁지도 않다.

물에 말은 밥 한술을 먹고 2~3cm 길이의 장아찌 하나를 입에 넣고 씹으니 밥알이 술술 잘 넘어간다. 우엉의 향긋한 풍미가 밴 달짝지근한 맛이 일미다. 아삭아삭 씹히는 소리가 마치 딸애가 내게 "밥 잘 드시고 건강해야지요."라고 말하는 듯하다.

아울러 몇 년 전 아지랑이 춤추는 봄날, 딸애 따라 하꼬네箱根 온천에 가면서 듣던 애리(손녀)의 놀라운 비유의 말도 따라 들린다. 내가 사 준 만주*를 먹으며 "볼이 떨어져 나갈 정도로 맛이 있다."라던 그 말이 겹쳐 들린다.

자근자근 씹던 장아찌가 구미를 당긴다. 그런 맛이 어디서 오는 걸까? 궁금하여 인터넷에 들어가 '우엉의 정체'를 알아본다.

국화과의 두해살이풀. 당근이나 무와 같은 뿌리채소. 쓴맛과 단맛이 매우 강하고, 주로 반찬이나 차로 만들어 먹는다. 50~60cm 높이로 자라고, 심장처럼 생긴 잎은 어긋난다. 뿌리는 기둥 모양으로 곧게 자란다. 7월에 짙은 자주색 또는 흰색의 통 모양 두상화가 작은 가지에 핀다. 뿌리와 어린잎은 식용하고 씨는 약용한다. 유럽이 원산지로 한국, 일본, 중국 등지에 분포한다.

역시 식용·약용의 쓸모가 많은 식물이구나! 하나도 버릴 게 없다. 잎, 씨, 뿌리가 식용 아니면 약용이다. 산에서 내려온 산삼이란 우엉을 왜 진즉 몰랐을까? 내가 우엉 뿌리를 먹어 본 건 김밥이나 잡채에서다. 그 무대에서의 주재主材는 김과 당면이다. 부재副材도 당근·시금치·단무지다. 우엉 뿌리는 부재 가운데에서도 존재 가치나 역할이 미미하다.

그도 그럴 것이 당당한 주재와 익히 잘 알려진 당근, 시금치, 단무지 등의 부재에 섞인 우엉 뿌리였기에 그럴 수밖에 없었다. 겉보기 좋으라고 그랬는지 가장 양분 많고 향이 밴 껍질을 몽땅 벗겼다. 그런 다음 노르스름한 속살을 얇게 가늘게 채 썰어, 드문드문 섞었으니 제 '맛의 역할'을 다하지 못했다. 조연助演이기 때문이었다. 영화나 인생 무대의 조연이 그러했듯이.

그랬던 우엉 뿌리가 단독 주연, 밥반찬으로 내 앞에 놓인 것이다.

껍질을 깨끗이 씻은 채 간장에 졸여, 비행기 타고 온 귀한 선물이다. 그 때문인지 지난날 즐겨 먹던 연근의 간장 졸임보다 훨씬 맛이 좋아 밥맛을 돋운다.

밥맛만이 아니다. 뿌리의 영양 성분이 놀랍다. 수분, 단백질, 당질糖質, 섬유소纖維素 등등. 당질 대부분은 이눌린inulin의 형태로 존재하며 기능성도 뛰어나다. 비만, 대장암, 고혈압, 통풍, 동맥경화증, 관절염, 신장염, 간염 등 다양한 생리적 기능이 있단다.

인삼의 주성분인 '사포닌saponin'이 들어 있어 항암, 혈관 청소, 노화 방지, 질병 면역에 효능이 높단다. 영국에서는 중세부터 지금까지 가장 오래도록 유행하는 건강 음료 중 하나가 바로 우엉과 민들레로 만든 것이라고 한다. 일본인이 장수하는 원인 중 하나도 우엉을 밥반찬으로 상식하기 때문이란다.

효능이 많아선지 별명도 유별나다. 우엉의 열매인 우방자牛蒡子 주위에 갈고리 같은 가시가 많다. 쥐가 지나갈 때 그 가시가 털에 엉겨 붙기에 쥐가 무서워한다고 서점자鼠粘子, 둥근 모양의 열매 주위에 달린 갈고리가 사납게 생긴 탓으로 악실惡實이라고도 불린다. 이에 더하여 먹고 난 뒤 힘이 난다고 하여 대력자大力子라고 칭한다니, 딸애도 이런 별명까지 공부하지 않았을까? '우엉 뿌리가 힘이 나게 한다.'라는 걸 알고 이 장아찌를 찾아다녔지 싶다.

먹어 보니 밥맛 없는 데만 효과가 있는 게 아니다. 제 별명처럼 생기가 돌고 힘이 난다. 또한, 내가 십 년 넘게 앓는 통풍에도 효험이 있다니! 이런 선물을 어디에 가서 구했을까.

아마도 '힘이 나고, 장수하며, 통풍에도 효능'이 있다는, 내게 가장 절실한 약이라는 우엉 뿌리이기에 여기저기 수소문하여, 통통하게 영양 많고 간이 딱 맞는 걸 사서 보냈지 싶다. 그러느라고 얼마나 애를 썼을까? 그 정성이 기특하다.

약효에 그런 정성이 보태졌는지? 십여 일 그 장아찌를 즐겨 먹었더니 물 말은 밥은 물론, 꼬들꼬들한 밥 한 그릇을 다 비운다. 신통한 식감이요, 절묘한 약효다. 어쩌면 머지않아 통풍도 나을 것만 같다.

'이런 선물을 나도 남에게 보내봐야지.' 받는 이의 입맛을 돋워주고, 힘이 나게 하고, 병도 낫게 하는 우엉 장아찌 같은 선물을. 좋은 선물 받아 남에게 줄, 귀한 선물도 배운다. 딸아! 고맙다, 우엉 장아찌야 고맙다.

*만주饅頭: 만두의 일본말. 팥가루 소를 넣고 만두 같이 찐 빵.

냉이와 어머니

겨울난 밭에 들어선다. 조경수 칠백여 그루를 키우는 농장이다. 밭고랑 한쪽에 냉이가 눈을 당긴다. 어머니를 만난 듯 반갑다. 대여섯 냉이가 우리 밭(시흥시 월미마을)에 뿌리를 내렸으니. 예년에 보지 못한 냉이가 어디서 어떻게 예까지 찾아왔을까!

'콘크리트 숲'에 살기 때문인지 네 얼굴을 본 지 반세기도 더 지난 것 같다. 어쩐 일로 소리소문없이 내 밭에 뿌리를 내렸을까. 고마운 일이다. 잎이 푸르기보다 자주색을 띤 모습이 갖은 아픔을 견뎌낸 피의 잔흔이지 싶다.

잎줄기도 포복 자세다. 갈퀴 같은 둥근 잎을 나란히 달고 땅에 착 부친 채 하늘을 쳐다본다. 슬기롭게 보인다. 아직도 찬 꽃샘바람을 덜 맞으려고, 내리쬐는 햇볕을 온몸으로 다 받으려고….

우리 민족을 닮았는가. 생명력이 강인하다. 혹독한 겨울을 이겨내고 다른 식물이 미처 잠에서 깨어나지 않은 이른 봄에 얼굴을 든다.

꿋꿋하게 살아가는 우리의 모습을 닮았지 싶다. '민초民草'라고 불리는 까닭이 아닐까?

어머니는 이맘때면 바구니를 옆에 끼고 오리골* 앞 양지바른 언덕배기를 찾았다. 마른 잔디 속을 헤집고 솟은 냉이를 캐 오셨다. 뿌리째 뽑아온 그 냉이를 맑은 샘물에 잘방잘방 씻었다. 희멀건 쌀뜨물에 강된장을 풀었다. 모시조개를 넣고, 두부 한 모를 뚝뚝 썰어 휘휘 저으셨다. 보글보글 끓이다가 어슷하게 썬 파나 홍고추를 얹어 낸 그 냉이 된장찌개는 밥도둑이었다.

"봄 인삼이다. 많이 먹어라"라고 하시던 그 말씀에 고개를 끄덕였다. 아르지닌arginine, 알라닌alanine, 글리신glycine과 같은 여러 가지 아미노산을 가진 냉이는 예로부터 '봄철 입맛을 돋우는 나물이자 몸을 따뜻하게 하고 혈압을 조절하는 약'이라고 했다.

달착지근한 그 맛이 입에 딱 들어맞았다. "맏이가 건강해야 한다." 라며 해마다 끓여주셨던 그 찌개 덕에, 어머니의 그 정성 덕분에 내가 건강하지 싶다. 그런 냉이 된장찌개 서너 번 얻어먹으면 앞 뒷산에 불이 난 듯 진달래가 붉었다. 그 고향 마을의 언덕배기에서 냉이 캐던 어머니가 그립다.

봄, 올해도 찾아오는 이른 봄, 꽃샘추위에 눈 녹은 물을 머금은 채 우리 밭에 찾아온 빈객賓客, 냉이다. 뽑지 않고 그대로 두고 즐기련다. 밭에 들 때마다 그 얼굴을 내려다보면서 어머니를 떠올리고 싶다. 그 냉이 된장찌개 맛을 되씹으며, 쩝쩝거리며 봄맞이하고 싶다.

*오리골: 경북 영천시 고경읍 청정동의 옛 이름

김치찌개

북풍이 불어오면 김치찌개 생각이 난다.

보글보글 끓는 김치찌개가 떠오른다. 하지만, 아내는 자주 조리해 주지 않는다. 기온이 영하로 내려가 몹시 춥거나 눈이 길을 덮어 외출하기 어려운 날이나 밥상에 놓이는 김치찌개다. 김치찌개는 나만 즐기는 음식이 아니다. 애들도 김치찌개가 있으면 밥 한 그릇을 비우고 더 먹기 일쑤다.

아내에게 더러 김치찌개를 끓여달라고 말을 건네면 "뭐든 자주 먹으면 맛이 덜합니다."라며 웃음으로 그 물음에 답한다. 나름의 '맛 더하기' 방식인지 모르지만, 다른 반찬도 두 끼 연거푸 내지 않는다. 김치를 제외하곤. 손수 만든 다른 반찬도 그냥 먹을 만하지만, 특히 김치찌개만은 잘 끓이는 듯하다. 요즘 말로 '김치찌개 마니아(mania)'인 셈이다.

번거로워도 꼭 돼지 목살을 사 온다. 살에 붙은 기름을 다 떼어낸다음 먹기 좋은 캐러멜 크기로 자른다. 그런 다음 통통한 콩나물 데친 국물에 넣고 끓이는 게 맛을 내는 비법이지 싶다. 물론 살짝 신 배추김치 썰어 넣고 고춧가루, 마늘, 대파 등을 넣는다.

콩나물 우린 국 맛일까? 찌개 국물이 시원하다. 고기 맛이 밴 달짝지근한 김치 맛이 일품이다. 바깥 한기寒氣가 뜨끈한 찌개 맛을 더해준다. 거기에다 자주 끓여주지 않아, 먹고 싶던 '갈증의 맛'까지 더한 맛이다.

폭설이 내리고 찬바람이 창문을 두드릴 때나 얻어먹을 수 있는 김치찌개다. 연 서너 번, 많아야 대여섯 번 얻어먹는 게 고작이다. 김치찌개 생각이 나서 더러 음식점에 들르지만, 기름기 동동 뜨고 맛난이(MSG)를 많이 넣은 것 같아 달갑지 않다.

비단 '간격 두기'가 맛을 더하는 건 김치찌개만이 아니다. 어떤 음식이든 자주 먹으면 맛이 덜하다. 맛만이 아니다. 일상의 삶이 그러하다. 아무리 좋은 옷도 자주 입으면 싫증이 나고, 놀이기구도 늘 갖고 놀면 재미가 없다. 만남도 잦으면 시들해진다. 아내가 '사이와 간격의 미각' 지혜를 일찍 터득한 덕이지 싶다.

또 북풍이 분다. 찬 바람이 '김치찌개 맛'을 몰고 온다. 입을 쩝쩝대며 아내의 거동을 살핀다.

고맙다, 백혈구야

여든 살이 지나도 내 생명을 지켜주는 고마움을 모르고 산다.

한 번도 경험하지 못한 '바깥나들이 자제', '사회적 거리 두기'를 줄곧 들으면서 '코로나바이러스 공부'를 한다. 중국 우한[武漢]에서 발생한 바이러스가 지구촌을 흔든다. 우리나라에도 지난 1월 19일 인천공항으로 입국한 중국 여성(35세)이 확진 환자로 밝혀진 이후, 전국으로 산불처럼 번지고 있다.

서울을 비롯한 수도권뿐만 아니라 대구, 경북, 부산, 충남 등지로 감염증이 확산하여 소동을 일으킨다. 4월 5일 현재 확진 환자 10,237명, 사망자 183명으로 자고 나면 확진자가 눈덩이처럼 불어나고, 앞으로 또 얼마나 많은 희생자가 있을지….

정부에서도 팔을 걷어붙인다. 곳곳에 바이러스 감염증 '예방행동수칙'을 붙이고 전염되지 않도록 매스컴을 통해 주의를 환기한다. "마스크 착용, 손 씻기(청결), 기침 예절" 등등.

외출 자제, 유치원 · 학교 수업 연기, 모임과 행사 중지로 거리엔 사람이 별로 보이지 않는다. 그런데도 환자와 사망자는 날로 늘어간다. 공포의 현장이 날마다 생중계된다. 2009년 신종 플루나 2015년 메르스 사태 때보다 더 심각한 현상이다.

예방행동수칙을 잘 지켰기 때문일까. 다행히도 나는 건강하다. 확진 환자들이 거쳐 갔다는 여의도 S 병원, 아이에프씨(IFC) 상가, 식당 등을 모르고 다녀왔는데도 이상이 없다. 궁금하다. 전염병 병원체가 어떻게 우리 몸에 들어와 기생하는지 인터넷에 물어본다.

> 백혈구는 외부로부터 침입하는 세균이나 이물질을 세포 내로 끌어들여 소화 및 분해하여 무독화하는, 이른바 식균작용*을 하는 기능이 있다.

그랬구나, 내 속의 백혈구가 바이러스 세균을 막아, 섬멸해 주었구나! 나의 생명을 보호하고자 애쓴 백혈구다. 그런 고마움도 모르고 내가 예방행동수칙을 잘 지켜 바이러스에 전염하지 않았다고 자만했으니, 참 어설픈 사람이다. 무심한 자신, 배은망덕하다.

한 번도 본 적 없는 백혈구가 내 생生을 지켜주고 있다는 사실을 이제 안다. 밤낮으로 기회를 노리는 코로나바이러스가 내 속에 침입하지 못하도록 방어하는 그 고마움을 모르고 살았으니, 숙주宿主로서 면목이 없다.

무관심한 건 백혈구만이 아니다. 적혈구도 쉼 없이 혈관을 돌며 내

몸의 조직에 산소를 공급한다. 이산화탄소를 없애주며, 혈관에 쌓인 노폐물을 제거해준다. 혈소판血小板도 출혈이 생기면 119구급차처럼 현장에 달려와 피를 멈추게 한단다. 그 어느 것 하나 고마운 줄 몰랐으니….

서툰 인생을 사는 나를 위해 이런 역군들이 밤낮으로 쉬지 않고 일한다. 그 사실을 모르고 살았으니 미안하기 그지없다. 지금부터라도 그 노고와 충정衷情에 감사하고 싶다. 너희들이 좋아하는 양분을 아주 많이 섭취해 줄 작정이다.

특히 이번 코로나바이러스 돌풍에 백혈구의 수고가 많다. 팔십도 한참 지난 여태껏 무심했던 나를 탓하지 않고 밤낮없이 뛰어주는 당신 덕에, 병상 아닌 책상에서 이 글을 쓸 수 있으니, 고맙다, 대단히 고맙다, 백혈구야.

*식균작용食菌作用: 몸 안의 세균이나 이물질을 잡아먹는 작용

버드나무 시 쓰듯

여의도 샛강생태공원 연못가에 버드나무 십여 그루가 살고 있다.

수시로 갈증을 해소할 수 있는 물가에 뿌리 내린 영리한 나무다. 봄이 오면 숲속의 다른 식물보다 먼저 눈을 뜬다. 일찍 깨는 부지런함에다 먹을거리가 늘 연못에 있으니 생장이 빠르다.

실처럼 가는 가지에 수많은 잎을 단다. 물 위에 가지를 쭉 내려뜨려 연못에 사는 동식물들과 함께한다. 천연기념물 황조롱이를 비롯하여 흰뺨검둥오리, 왜가리, 물거미, 버들치, 말즘 등과 어울린다. 버들가지도 마치 시상詩想을 떠올리는 시인 같다. 바람이 일면 물 위에 붓질을 하며 시를 짓는 듯하다.

무슨 시를 쓰는지는 알 수 없지만, 바람이 멈추면 조용히 제자리에 선다. 묵상하듯 사색한다. 그러면서 또 주위를 살핀다. 그런 삶을 되풀이한다. 하루에도 수천 번 아니 수만 번 사색하다가 시를 쓴다. 이상희李相熙 전 산림청장이 <버드나무와 문학>에서 말하듯 시가詩歌에서 노래한 어구語句가 다른 어느 나무보다 많다. 시인처럼 시어詩語를 가슴에 품고 산다.

봄에 눈뜨는 버들을 신류新柳·눈류嫩柳라고 하고, 눈이 나온 버들을 청류青柳·취류翠柳라고 칭한다. 또 버들잎의 산뜻한 색조를 유색柳色이라고 하고 선명한 푸르름을 유록柳綠·녹양綠楊이라고 부른다.

버드나무가 무성해서 주변이 어두운 모습을 띠면 유영柳影·유음柳陰이라고 하고, 버들에 안개가 자욱한 것을 유연柳煙이라고 한다. 버드나무가 늙으면 품위가 있다고 하여 고류枯柳·잔류殘柳라고 이른다. 버들가지가 바람에 날리는 모습이 각별한 풍취를 자아낸다고 하여 유풍柳風·양풍楊風이라고 부르기도 한다.

이처럼 옛 선비들이 시어詩語나 노래 가사로 버드나무의 아름다움을 읊고 썼다. 그만한 미美가 있다고 공감한다. 어떻게 하면 저런 '미'를 가슴에 품고 살까. 또한, 감성이 예민하고 유연하여 시인의 마음을 닮은 것 같다.

그런 유연함으로 바람이나 외세에 춤추듯 흔들리다가 제자리에 멈춰 선다. 나는 어떤가? 세상의 미풍微風이나 닥치는 현실 불만에도 숯불처럼 반응한다. 의연하지 못하고 성급히 표출한다. 바람이 잠잠하거나 별일이 없어 조용하면 쓸데없이 바깥으로 나도는 나의 행보. 묵묵히 사색하는 버드나무에게 배워야 할 단점이요, 본받을 일인 듯싶다. 이른 아침마다 버드나무 앞에 서서 풍기는 시구의 향기를 음미하며, 유연하게 사는 그를 닮고 싶어 한다. 그것만이 아니다.

봄이 오면 일찍 눈뜨는 버드나무의 부지런함, 온 힘을 다해 깊은 지하의 물을 뽑아 올려 제 식구에게 나눠주는 지극한 '효심과 자식

사랑'이 유별나다. 자연은 신통하다. 바람이 계속하여 불지 않는다. 간간이 불어오다가 멈추면 천연天然하게 시사詩思를 가다듬는다. 바람이 일면 득달같이 물 위에 시를 쓰는 저 천성을 닮고 싶다.

그처럼 선비 같은, 스승 같은 버드나무가 아침마다 내 산책길에 있다는 건 큰 행운이다. 갈대와 물억새가 무성하게 자라는 생태숲에서 물 위에 드리운 버드나무 가지 사이로 언뜻언뜻 보이는 수상 동식물의 모습이 한 폭의 그림처럼 아름답다. 마치 정원 같고 정자 같은 곳에서 떠올리는 시상이 궁금하지만 알 도리가 없다.

오늘같이 무더운 날이면 버드나무가 10여 미터의 땅속에서 물관으로 물 뿜어 올리는 소리를 듣는다. 나무줄기의 마디나 껍질 틈새로 하얀 물거품을 툭툭 품어내는 소리를 들을 때면 저런 힘이 어디에서 나올까. 물끄러미 바라보며 내게 묻는다. '나는 저토록 열렬히 산 적이 있는지?'를.

내게 샛강생태공원은 마치 고향 같다. 그 마을 개천가에 자라던 찔레와 아까시나무가 여기에 있고, 쑥과 민들레가 자생하고, 물거미도 서식하고 있을 뿐 아니라 버드나무도 같은 모습으로 살고 있어서다. 고향 연못에 있던 버드나무같이 틈만 나면 시를 착상하고, 바람이 불면 흔들리면서 시를 쓴다. 나도 저 버드나무같이 바람 따라 시를 쓰고 싶다.

또 바람이 인다. 버드나무 가지가 물 위에 붓질하듯 시를 쓴다. 나도 그랬으면 하고 몸을 흔든다.

찔레꽃, 그 향기가 일깨운 소리

<찔레꽃>, 그 노래를 즐겨 듣는다.

들을 때마다 그의 높낮은 음률에 빨려든다. 내 마음의 가장 깊은 '감정의 샘물'을 끌어올리듯 나를 저미게 한다. 아직도 잘 모를 내 안의 깊고 깊은 그 샘물을 길어 올리는 그 힘은 어디에서 오는 것일까? 샘의 밑바닥에 닿아본 이만이 그 '영감의 힘'을 얻을 수 있을 것인가?

음악인 장사익張思翼(1949~)이 그런 '영감의 힘'을 얻었지 싶다. 그는 마흔여섯의 늦깎이로 데뷔하여 스스로 작사·작곡한 대표작 <찔레꽃>으로 가장 한국적인 목소리, 최고의 대중 소리꾼이란 평을 받는다. 인기 절정이었던 2007년 7월, 한겨레신문 이길우 기자가 북한산 자락 그의 집을 찾는다. 인터뷰 목적이다. 기자가 묻는다.

-왜 찔레꽃 향기가 슬프다고 했죠?

"아마 1992년 말께였죠. 내가 43살 때였을 것입니다. 그때 변변한

직업도 없이 친척이 하는 강남의 카센터에서 수리하러 온 차를 주차하며 살았던 때였죠. 바닥이었습니다. 생의 바닥이라고 느껴졌어요. '이건 아니다'라고 울분을 토하던 때였습니다. 그래서 새납(태평소)을 배우기로 했어요. 더 늦기 전에 하고 싶은 것을 해야겠다고 결심했어요. (……)

그해 겨울이 지나고 봄이 왔어요. 그때는 잠실 고층 5단지에 살았어요. 5월 어느 날 아파트 단지를 나오는데 어디선가 진한 꽃향기가 느껴졌어요. 불어오는 따뜻한 바람에 실려 온 꽃향기였어요. 주변을 보니까 붉은 장미만 눈에 띄었어요. 분명 장미 냄새는 아니었어요. 장미 덩굴을 살피고 있는데 흰 꽃잎의 찔레꽃이 수줍게 피어 있는 것이 보였어요. 순간 어릴 때 기억이 났어요. 봄이면 들판에 핀 찔레꽃을 따 먹곤 했어요. 찔레꽃은 회충을 죽인다고 어른들이 말하곤 했어요. 장미 덩굴 뒤쪽에 나지막이 옹기종기 피어 있는 찔레꽃이 너무 아름답게 느껴졌어요. 그리고 그 찔레꽃이 내 모습처럼 보였어요. 당당히 나서지 못하고, 폼 잡지 못하고, 쭈뼛쭈뼛 눈치나 보고 있는, 그런 모습과 나의 모습이 오버랩되는 것이었어요. 그래서 슬퍼졌어요. 그냥 슬펐어요."

장사익은 그 감정으로 <찔레꽃> 노래를 만들어 냈다.

"막 울었어요. 그리고 막 토해냈어요. 슬픔을 쏟아내니 개운해졌어요. 슬픔이 씻겨나가고 마침내 기쁨으로 승화되는 느낌이었어요."

찔레꽃은 그의 삶을 역류해 세상 사람들의 삶을 관통하는 언어가 되었고 시가 되었다. 시가 목청을 올리며 소리가 되어 나왔다. 피아노의 조용한 반주 속에 나지막하게 시작되는 그의 <찔레꽃>을 다시 한 번 음미해 본다.

"하얀 꽃 찔레꽃/ 순박한 꽃 찔레꽃/
별처럼 슬픈 찔레꽃/ 달처럼 서러운 찔레꽃/
(나지막하게 읊조리듯 시작한 이 노래는 점차 톤이 올라간다)
찔레꽃 향기는 너무 슬퍼요/
그래서 울었지 목놓아 울었지/
찔레꽃 향기는 너무 슬퍼요/
그래서 울었지 밤새워 울었지"
(……)

이 노래를 들으면서 고개를 숙인다. 장사익은 그의 어릴 적 <찔레꽃> 향기에서 영감을 얻어 얼마나 목청을 가다듬어 가며 연습을 하였을까. 얼마나 많은 순간순간에 그 영감의 깊이를, 갈증의 샘물을 팠을까? 상상이 가지 않을 만큼 내면의 자신과 주고받았을 대화였을 것이다.

문득 나의 어린 시절이 떠오른다. 찔레꽃 향기를 맡던, 국민학교(지금의 초등학교) 시절, 학교 다니던 영천永川의 청계천淸溪川에 엉키고 성겼던 그 덩굴이 눈앞에 어른거린다. 코를 벌름거리면서 산뜻한 향기를 맡으며 따먹던 여린 순의 그 향긋한 맛. 그 향과 맛에 대한 미련일까. 장사익이 슬퍼서 울었다는 그 아픔 때문일까. 그도 아니면, 내 고향의 청계천을 그리며 그리며 <찔레꽃 그 향기처럼>이란 수필집을 내었던 까닭일까?

그런 영감 하나 얻고 싶다. 비록 음악인은 아니지만, 글 쓰는 나도 그런 영감을 얻을 수 있다면, 더 나은 글을 쓸 수 있지 않을까? 깊고 깊은 내면의 맑디맑은 샘물을 길어 올리는, 내 속의 그 '영혼의 힘'으로 쓰는 글은 독자의 심금을 울릴 수 있을 것만 같다. 장사익의 <찔레꽃>, 그 노래처럼.

늦으면 어떠하랴. 지금부터라도 '그래 봐야지, 장사익 음악인만큼 깊은 샘을 파지는 못할지라도, 그 반의반에라도 닿아 봐야지'라며 울타리를 기웃거린다. 아득히 높은 산길을 걸으며 내 속의 샘을 판다.

4부
봄의 언어들

공원의 뭇 생명이 질세라 봄맞이 소리를 낸다. 잡초들이 싹 올리는 소리, 나뭇가지에 움트는 소리…. 참새들이 봄을 반기며 깃털 터는 소리, 버드나무 가지가 춤추는 소리…

고운 손

꽃보다 '고운 손'이 있다. 상대방이 예감하지 못한 '고운 일'을 하는 손이다.

여의도의 한 대중식당에서다. 문인 십여 명이 모여 신년회를 마친다. 여럿이 방에서 나오는데 문 앞에 신발이 어지럽게 놓여 있다. 엇비슷한 신이 뒤죽박죽 섞인 듯하다. 좁은 마루에 서서 신발을 살피는데 먼저 나온 여인이 내 구두를 댓돌 위에 놓아 준다.

발만 내디디면 신을 수 있게 나란하다. 자로 잰 듯 반듯하게 놓인 구두를 신으며 여인에게 인사를 한다.

"고맙습니다."

"아니에요."라며 미소를 머금는다.

그녀와 회원들이 엘리베이터를 같이 탄다. 1층에 내리자 서로 악수하며 헤어진다. 나는 아쉬움을 뒤로하고 아파트로 향한다. 63빌딩 쪽으로 걸으니 발이 따뜻하다. 그녀와의 기억을 더듬는다. 머리를 굴려

봐도 어떤 추억도 떠오르지 않는 여인. 그리 가깝게 지낸 적이 없는데 어쩐 일로 그 '고마운 손', 아니 '고운 손'을 내게 보여줬을까?

단둘이 만나 함께 걸어보지도 않았는데 어떻게 내 신발을 알았을까. 혹시 그 식당 방에 들어갈 때 신발 벗는 걸 눈여겨봤을까. 아니면 내 뒤를 밟으며 내 신발을 봐둔 것일까? 별별 의구심이 꼬리를 문다.

궁금증이 열을 올린다. 그 여인의 손이 '곱다'는 걸 의식할수록 마음이 따뜻하다. 다른 회원에겐 그런 친절을 베풀지 않으면서 유독 내게만 호의를 준 것 같다. 남 앞에, 여러 문인 앞에 엎드려 신발을 바로 놓아준 게 그토록 고맙다.

마음결이 곱고 가슴이 따뜻한 여인일 게다. 그런 온기야말로 요즘 차갑기만 한 내 가슴을 데워주지 싶다. 그 마음 씀씀이만큼이나 용기도 있는 여인이다. 자칫하면 문인들의 입방아에 오르내리고, 사실과는 달리 엉뚱한 오해를 받을 수 있는 일인데….

'말이라도 건네 볼 걸, 분위기 좋은 카페에 가서 커피 한 잔 마십시다.'라고. 따끈한 아메리카노를 쩝쩝대며 요리조리 마음을 떠볼 걸. 멋도 없이 그냥 헤어진 게 못내 아쉽다. 후회된다. 무뚝뚝한 자신을 새삼 느낀다.

그럴수록 '신발 바로 놓아주기'가 상대에게 참으로 따뜻한 감정을 준다는 사실을 의식한다. 나는 다른 이에게 한 번도 그래 보지 못한 아쉬움이 가슴을 저민다. 지금부터라도 남에게 나의 '고운 손'을 보여줘야겠다. 그녀의 손 같은.

그런 각오를 하며 걷는 내내 가슴이 뛴다. 그 여인의 손이 자꾸만 눈에 밟힌다. 보석처럼 빛나는 그 '고운 손'이.

원천석, 그의 충절과 문학

세상이 어지러울수록 충절을 지키는 신하가 그립고, 충언하는 올곧은 문사가 그립다.

여말선초麗末鮮初의 운곡耘谷, 원천석元天錫(1330~?)의 이야기다. 그는 원주 원씨元氏의 중시조中始祖다. 다양한 '풍경'을 가진 인물이다. 시인이자 성리학자였으며 무사武士 집안의 차남으로 태어난 고려의 올곧은 충신이다. 태종(이방원)이 세자일 때 그를 가르친 스승이기도 하다.

고려가 망하고 조선이 들어서던 혼란기에 부패와 불의가 만연했다. 정사가 문란해지자 시국을 개탄하며 고향 원주의 치악산雉岳山(1,288m)에 은거하였다. 산나물을 캐며 부모를 공양한 효자였다. 고려 말의 정몽주鄭夢周 · 이색李穡 · 길재吉再 등과 교류하며 한평생 고려 왕조를 우러르며 살았다. 명리나 권세의 주위에 배회하지 않았다.

1400년 태종이 즉위한 후 여러 차례 벼슬을 내리고 그를 불렀으나

<왕자의 난*>에서 실망한 그는 응하지 않았다. 왕이 몸소 그를 만나려고 치악산 오두막집까지 찾아갔으나 미리 알고 몸을 숨겼다. 선생이 끝내 굽히지 않을 것을 알고 그의 아들 원형元泂에게 기천基川(지금의 풍기읍) 현감의 벼슬을 내려, 스승의 은혜에 보답하였다.

태종은 시냇가 바위에 서서 멀리 치악산을 바라보며 망연자실하다가 집 지키던 할머니를 불러 후한 선물을 내리고 돌아갔다고 한다. 후세 사람들이 임금이 머물던 그 바위를 태종대太宗臺라고 불렀으며 지금도 치악산 각림사覺林寺 곁에 서 있다.

운곡은 27세 때 진사를 뽑던 국자감시國子監試에 합격하였을 뿐만 아니라 이방원의 스승이었던 인연으로 태종 즉위 후 정치에 참여할 수 있었다. 그런데도 고려와 조선의 두 왕조를 섬길 수 없다며 고려의 절의를 지켰다.

불사이군不事二君의 정신으로 치악산에 은거하면서 끝내 출사出仕하지 않은 충절의 표상이었다. 그의 꺾이지 않은 정의는 세조의 불의에 항거하던 생육신의 '절의 정신'으로 이어졌고, 그 정신이 조선 왕조 518년의 긴 역사를 지탱하는 원동력이 됐다.

운곡은 치악산에 은둔하면서 많은 시를 썼다. 그 시문들이 후에 『운곡시사耘谷詩史』라는 문집으로 편찬돼 전해오고 있다. 총 1,144수의 시가 창작 연대별로 실렸다. 퇴계 이황은 "운곡의 시는 역사다."라고 말하였다. 1973년 이우성李佑成(한문학자·국사학자) 교수는 "당대의 역사적 사실을 시화詩化한 작품들을 '사시史詩'라 하여 높이 평가하였다. 원천석이 시에서 보여준 역사적 증언은 한 선비가 역사의 왜곡을 막은 주체적 자세"라고 평하였다.

『운곡시사』에서 대표적인 작품은 당시 두 현賢을 기리는 시문이다. 그 첫 현은 안으로 반란을 제압하고 밖으로 외적을 물리친 고려의 마지막 명장, 최영崔瑩(1316~1388)으로 요동 정벌 실패로 참수돼 생을 마감한 절의의 장군을 기린 「전총재육도도통사최영前摠宰六道都統使崔瑩」이다.

그다음 현은 우왕禑王(고려 32대 왕)과 창왕昌王(고려 33대 왕)에 대한 시다. 두 왕이 왕씨王氏가 아니라 신돈辛旽(승려)의 자손이라고 폐위하여 서인庶人이 된 사실을 비판한 시, 「왕부자이위신돈자손폐위서인王父子以爲辛旽子孫廢位庶人」이다. 여기에서 원천석은 "만일 왕씨의 혈통으로 참과 거짓이 문제된다면 왜 일찍부터 분간하지 않았느냐고 힐문詰問하면서 저 하늘만은 분명히 살피시리라"라고 말했다.

두 대표작이 다 왕권에 대한 솔직한 비판 내용이다. 말 한마디, 글자 한 자가 모두 충분忠憤에서 나오지 않은 게 없다. 권력의 서슬이 시퍼렇던 당시로선 대단한 용기가 아닌가. 그의 정의와 곧음[直]이 존경스럽기 그지없다. 문인의 한 사람으로서 그리워지는 까닭이다.

만년에 또 여섯 권의 야사野史를 썼다. 여말선초, 혼란했던 정권의 진실을 담은 숨은 이야기들이다. 운곡은 "이 책을 가묘家廟에 감춰두고 잘 지키도록 하라"고 유언하였다. 그러나 증손자 대에 이르러 그 내용이 나랏일에 저촉되는 데가 많아 화가 두려워 불살라버렸다고 한다. 아쉬운 사실史實이다. 은근하게 그러나 정확하게 자신의 견해를 피력한 내용이었을 게다. '야사'는 없어졌으나 '시사'가 증언으로 남아 있다.

청구영언青丘永言에 실린 그의 시조에도 고려 왕조에 대한 충의와 절개가 고스란히 녹아 있다. 아래 시에서 '추초秋草'는 쇠잔해진 고려 왕조에 대한 우회적 표현이며, '석양'은 고려 왕조의 석양, 즉 망해가는 왕조를 은유한다고 볼 수 있다.

> 흥망이 유수하니 만월대도 추초로다
> 오백 년 왕업이 목적牧笛에 붙였으니
> 석양에 지나는 객이 눈물겨워 하노라

운곡의 거울을 통해 오늘의 우리를 비쳐본다. 정권이 교체할 때마다 정사政事가 혼란스럽고 감옥 가는 사람이 많다. 역사의 교훈으로 시정되지 않은 불의가 한둘이 아니지만 우리는, 나는 운곡 같은 충절을 표출하지 못했다. 그뿐만이 아니다. 문인으로서 글로 그 안타까움을 호소해 보지도 못했다는 아쉬움을 느낀다.

그래서인지 원천석 선생이 그립다. 은둔했던 치악산 정상 부근의 변암弁巖 일대엔 산죽山竹이 숲처럼 솟아 있다. 마치 운곡 선생의 영기靈氣인 양 사시사철 곧고 푸르다. 그 숲 주위를 돌고 돌며 서성인다, 해는 서산을 넘는데.

*왕자의 난: 조선 초기에, 태조의 왕자들 사이에서 왕위 계승권을 둘러싸고 일어난 두 차례의 난.

이건 노욕인가, 위안인가

노년으로 사는 건 가진 것을 정리하고 손 터는 과정이긴 하지만, 차마 놓치기 아쉬운 게 더러 있다. 그중 하나가 운전면허증이다.

4월 첫 주 아침이다. 커피를 마시며 창밖을 내다본다. 꽃피기를 재촉하는 비가 솔솔 내린다. 심심하면 찾는 텃밭 가기를 접고, 며칠 전 받은 운전면허 적성검사 안내문을 만지작거린다.

'지금 신청해도 될까?'라며 강서운전면허시험장에 전화한다. 다행히 10시 고령 운전자 안전교육 신청이 가능해 예약한다. 부랴부랴 명함판 사진과 면허증을 챙겨 시험장에 닿는다. 간단한 시력검사를 마치고 3층 교실로 간다. '고령 운전자 교육장'이다. 직원이 10번 책상으로 안내해 준다.

내 이름이 뜬 컴퓨터 앞에 앉는다. 30여 명의 수검자와 같이 영상 인지능력 자가진단을 받는다. 화면에 뜬 숫자와 요일 순서대로 클릭하기, 화면에 나오는 대전 방향의 화살표 알아맞히기, 쉭쉭 지나가는 차량 번호를 익혔다가 그 번호에 클릭하기 등의 인지능력과 기억력, 10개 항목의 진단을 마치니 '3등급'이란 채점판이 화면에 뜬다.

어렵사리 4~5등급을 면해 합격하니 이어서 노화와 안전운전, 고령자 교통사고 사례, 개정된 도로교통법 등을 화면으로 보여준다. 앞선 차량의 급브레이크에 미처 대처하지 못해 발생하는 충돌 사고, 사거리 신호등이 바뀌자 급한 김에 브레이크를 밟는다는 게 액셀러레이터를 밟아 상가에 진입하는 사고 등 안전 운전에 조심해야 한다는 실례를 보여준다.

한 시간의 인지능력 자가진단, 또 한 시간의 안전운전 교육을 마치고 '3년 기간'의 운전면허증을 손에 쥔다. 하얀 머리에 쭈글쭈글한 얼굴 사진의 면허이지만, 그 증명서가 귀하게 느껴진다. 나의 유일한 자격증이기 때문이다. 앞으로 몇 번이나 더 갱신받을 수 있겠냔 생각으로 마음이 착잡하다.

이번이 마지막이 아닐까 싶다. 교실에서 본, 사고 화면이 마음을 위축시킨다. 지난 반세기 동안 무사고로 운전했으니 끝까지 '유종의 미'를 거두어야지 하면서도 미련을 부린다. 갱신받은 면허증을 다시 매만지면서 이리저리 저울질한다.

인지능력은 날로 떨어지는데, 운전을 계속할 것인가. 아니면 운전면허증을 구청에 반납하고 교통비(10만 원)라도 받아 쓸 것인가. 그도 아니면 운전은 하지 않으면서 면허증을 가지고 있는 것만으로 위안으로 삼을까?

나이 드니 하나둘 내 곁을 떠나간다. 아이들도 제 갈 길 찾아 딴살림을 차린 지 오래다. 더욱이 나는 세 아이가 다 외국에 산다. 직장을 퇴직한 지 아득하니 찾아오는 이도 거의 없다. 가깝게 지내던 학교 동창이나 친구 몇몇은 저세상에 있든가 아니면 바깥나들이가 자유롭지 못한 처지에 있다.

그러니 쓸쓸하다. 할 일 없어 심심하고 고적할 때면 한적한 길 따라 천천히 운전하여 시흥 텃밭을 찾는 게 유일한 바람 쐬기이다. 각박한 도시를 벗어나 계절이 오가는 걸 느낄 수 있다. 밭 있는 월미 마을에 들어서면 감나무에 앉았던 참새들이 반갑다는 듯 짹짹거리며 맞이해 준다. 텃밭에서 자라는 상추와 부추를 뜯어오는 즐거움…. 그런 작은 나만의 소박한 바람 쐬기마저 놓아야 하나! 선뜻 손 떼지 못하는 운전이다.

운전, 아니 운전면허마저 손 놓는 게 곱게 늙는 방법일까? 운전대를 놓을 때 놓더라도 '운전할 수 있다'는 그 가능성마저 놓아버리고 싶지 않다. 아내 말처럼 비록 운전하지 않더라도 그 면허증만은 가지고 다니고픈 어린이 심정이다. 그것 하나 가진 것만으로 마음 든든하니, 이건 외람된 노욕인가, 위안인가? 아직은 잘 모르겠다.

플라타너스 그 가로수 길

신록의 계절, 6월이다. 이맘때면 시티재* 밑, 그 가로수 길이 떠오른다.

사열받는 병정처럼 도로 양쪽에 줄지어 선 플라타너스가 금물결처럼 출렁인다. 아침 햇살이 내리쬐는 뙤약볕 아래 푸른 잎들이 햇볕을 받으며 바람에 흔들리는 플라타너스는 오늘따라 곱게 보인다. 아버지 따라서 영천永川 장에 가고 있어서다. 그때 내가 다니던 국민학교(현 초등학교) 학생 중 한두 명이 신었던 하얀 천 운동화가 얼마나 신고 싶었는지 모른다.

줄곧 검정 고무신만 신던 내게 운동화를 사 주신다는 아버지를 따라나선 길, 한없이 기뻤다. 차창 너머 고론지* 들판의 우리 논엔 벼 포기가 춤을 춘다. 가느다란 잎사귀가 저들끼리 비비대는, 서걱서걱 하는 소리가 예까지 들려오는 듯하다. 논을 바라보는 아버지는 올해도 풍년이 들 것 같아서 흐뭇하신지, 입을 뗀다.

"오늘은 볕이 유난히 좋구나!"

"예, 벼가 잘 자라겠습니다."

그랬던 그날의 플라타너스 가로수 길.

새 운동화 신고 껑충껑충 뛰면서 학교 가던 그 날의 감격 때문일까? 머리칼이 하얗게 센 지금도 내 뇌리에서 지워지지 않고 6월이면 떠오른다. 플라타너스 가로수 길. 어찌 보면 청승스러우나 실은 그것보다 더 각인된 어릴 적 추억도 없는 데다가 그 이상의 호사豪奢가 또 있을까 싶다.

'추억은 아름답다'라고 하지만, 아름다움만이 아니다. 어떤 환희로도 바꿀 수 없는 그날의 추억이다. 내 인생에 그때의 그 기쁨이 없었다면, 밋밋한 이 세상을 어떻게 견뎌왔을까?

올해도 떠오른 플라타너스 그 가로수 길이 한없이 귀하게 느껴진다. 아버지가 그리운 6월이다.

*시티재: 경북 영천시 고경읍 청정리와 경주시 안강읍 하곡리 경계에 있는 고개

*고론지: 경북 영천시 고경읍 청정리에 있는 너른 들판

내게 주는 선물

여든네 살 생일이다.

지난날을 돌이켜보니 어려운 고비가 많았다. 그런데도 별 탈 없이 잘 걸어온 자신을 의식한다. 이제 철이 드는지 그동안 고생한 손발을 비롯한 나의 몸붙이(몸 부분품)에 대하여 인사할 때라고 생각한다. 지금까지 전혀 고마운 줄 모르고 살아왔으니.

거울 앞에 서니, 머리는 백발이고 얼굴도 쭈글쭈글하다. 손에도 군데군데 검은 점이 나 있고 손가락 지문도 다 닳아 밋밋하다. 이제까지 살아온 이력이요 상흔이다.

격변기를 거쳤다. 일제강점기에 태어나 일본말을 익힐 만할 때 해방이 됐다. 이어서 6·25전쟁 중에는 학교마저 군인 막사로 내주고 칠판을 메고 양지바른 산비탈로 전전하면서 중등 교육을 받았다. 그러다가 부산으로 피난 온 서울학교에 입학하여 날마다 데모대로 동원됐다. 머리에 흰 수건을 질끈 동여매고 광복동 대로를 뛰어다니며 '휴전 반대'를 목이 쉬도록 외쳤다.

구호는 구호에 그쳤다. 1953년 7월 27일 판문점에서 휴전협정이 체결됐다. 부산 영도 끝자락 구호양곡 야적장 한쪽에 판자로 지은 임시 교사에서 공부하다가 그해 9월에 서울로 환도하였다. 격변은 이어졌다. 사일구혁명, 오일륙 군사 정변, 민주화, 산업화 등의 가파른 파고에서 하나의 나뭇잎처럼 떠밀리며 격랑을 겪었다.

보릿고개를 벗어나려는 정부의 증산·수출·건설의 물결에도 휩쓸렸다. 수출 일선에 뛰어들었다. 외국을 전전하면서 수출 시장개척을 하고자 지구 곳곳을 뛰어다녔다. 그러는 도정마다 차는 나의 발이었다. 미 대륙을 횡단하는 66번 도로에서도, 브라질의 마나우스 자유무역지대를 가는 길에서도, 세네갈의 거친 사막에서도 탈 없이 안전 운전해준 손발을 비롯한 나의 부속 기능들이 수고가 많았다.

그러고 보니 그간 어려운 고비마다 용케도 잘 견뎌왔다는 생각이 든다. 굽이굽이마다 나름대로 잘 대처하고 운전하여 큰 사고 없이 이 정도 성한 몸으로 살아온 것만 해도 다행이지 싶다. 탈 한 번 안 내고 묵묵히 운전해준 나의 제 기능에 감사하고 싶다.

며칠 전 고령자 안전운전 교육을 이수하고, 3년 기간의 운전면허증을 갱신받았다. 앞으로 '몇 번이나 더 갱신받을 수 있을까?'라며 그 면허증을 매만지니 감회가 새롭다. 스물다섯 살 때 첫 운전면허를 받아 어언 55년간 무사고로 안전 운전해 온 게 더없이 고맙게 여겨진다. 남과 달리 국내외로 낯설고 물선 외진 길을 운전해 왔는데….

그 답례로 오늘 내 안의 나에게 선물 하나 하고 싶다. 그동안 태산 같은 가파른 길, 낯선 사막의 자갈길을 어렵게 운전해온 눈, 신경, 손, 발을 이제 좀 쉬게 해야지. 날로 시력, 청력, 순발력 등이 약해져 가니, 만에 하나 사고라도 나면 큰일이 아닌가. 나의 수족을 비롯한 감각 기능이 명예롭게 제대하도록 도와주는 게 나의 도리이지 싶다.

지금부터 '운전을 접어야지.' 아예 면허증을 내 안의 내게 선물한다. 흠 하나 없는 훈장 같은 면허증을. 이제야 겨우 인사할 줄 아니 조금은 성숙해진 느낌이다. 여든네 살에.

길에서 만난 작은 행복들

자신이 누리는 행복을 더러 모르고 살 때가 있다. 그런 내가 찾아온 귀인을 만나 길을 같이 걷는다. 로스앤젤레스에서 온 교포 문인 C 씨다. 샛강역에 전차를 타려고 가는 길, 여의도 동회 앞 사거리에 다가서자 C 문인이 손짓한다.

"횡단보도 앞에 웬 파라솔이 다 있네요!"

"네, 신호 기다리는 동안 쉬어가는 그늘막입니다."

"미국보다 나은데요" 한다.

평소 무심코 지나치던 큼직한 하늘색 그늘막이다. 무엇에 정신을 잃고 살기에 구청에서 설치한 그늘막까지 의식하지 못하고 지나쳤을까? 미국에도 없는 시설이라니 은근히 가슴이 뿌듯하다. 그 그늘막을 사진 찍는 C 문인 곁으로 다가간다. 그늘막 끝자락에 <영등포 그늘愛>란 표시가 보인다. 보행 신호를 기다리는 동안 내리쬐는 햇볕을 가려주는 그늘막으로 잠시 보행자에게 시원함을 준다. 땀을 식혀주는 고마운 마음 씀씀이다. '그늘 사랑'이다.

영등포구청에서 설치한 구민 복지 행정의 산물이다. 2013년부터 서울 동작구에서 첫선을 보인 이후 성북구, 서초구 등지에서 더러 보이더니 이제 서울에만 1,500여 개, 전국적으로는 5,000개가 넘는다는 신문 보도다. 지난 1년 사이 배로 늘어났다고 하니 앞으로 이런 그늘막을 많이 볼 수 있을 것 같다.

샛강역에 닿는다. 역 안으로 들어서는데 출입구 기계에서 '찍' 한다. 나의 우대용 교통카드를 본 C 문인이 부러워한다. "미국에는 이런 우대가 없는데…" 한다. 나는 이 노인 우대용 카드를 거의 매일 쓰면서도 전철 당국이나 나라에 대한 고마움을 느끼지 못했는데 오늘 새삼 감사하고 싶은 마음이다.

안양역에 다다른다. 지하철에서 내리자 엘리베이터가 기다리고 있다. "한 층 올라가는데 엘리베이터를 설치했네요"라고 말하는 그와 같이 2층에 닿는다. 식당과 상가를 둘러보고 에스컬레이터를 타고 밖으로 나온다. C 문인은 "시설이 참 잘되어 있습니다"라며 안양역 사진을 찍는다. 기사를 취재하는 기자처럼 멎는 데마다 사진 찍고 메모하니 아마도 여행기라도 쓰려는 것 같다.

대동문고 버스 정류장에 도착한다. 교통안내판을 쳐다본다. 나의 농장으로 가는 버스를 타고자 해서다. 소래 가는 32번 버스를 형상화한 모형이 세 정거장 뒤에서 여기로 오고 있다. 7분 후에 도착한다는 시간을 안내판이 알려준다. C 문인이 유심히 보는 안내판에는 버스 정보만이 아니다.

'곧 도착'이란 버스 번호 아랫부분에 '이 시각 뉴스'와 '환경정보(미세먼지 등)', 그리고 '교통 소통정보'가 흐른다. 그는 놀라워하며 "이런 지방 도시까지 첨단 시설이 다 깔려 있군요? 정보통신 1위국이라더니 정말이네요. 이제 미국보다 살기 좋은 나라가 됐습니다." 그런 나라에 사는 자신을 의식하지 못했으니 안타까운 마음이다.

하지만 오랜만에 만난 C 문인 앞에서 나의 어깨가 으슥해진다. 그는 내가 로스앤젤레스 무역관 근무 때(1977) 현지 한국일보 <라성춘추>에 칼럼 필진으로 같이 글을 쓰던 칼럼니스트다. 그가 관광을 목적으로 방한하여 나의 농장을 둘러봤으면 해서 현장으로 가는 길이다.

물왕저수지를 지난 버스가 월미마을 앞에 멎는다. 우리나라에서 처음으로 연꽃 뿌리를 내린 관곡지官谷池를 지나 농장에 닿는다. 내 키 높이로 자란 750여 그루의 주목을 보더니 "역시 푸른 청춘과 더불어 사시네요! 부러운 게 한둘이 아닙니다"라며 같이 팔짱 낀 사진을 찍는다.

42년 만에 만난 C 문인이 나를 일깨워준다. 외계外界를 살피지 않고, 내계內界마저 건성으로 보면서 "살기가 어려우네, 정치가 불안하네, 거리 질서가 없네…"라는 불평불만만 하던 내게 긍정의 면면을 깨닫게 해 준 귀인이다. 미국에 없다는 횡단보도 그늘막, 교통 우대권, 그리고 잘 되어 있다는 역마다의 최신 편의시설, 또한 버스 정류장에서 본 실시간의 첨단 교통안내 등에 부러워하는 기색이 역력하다.

행복이 별것인가. 오늘같이 마음으로 흐뭇함을 느끼는 기쁨이 아닐까. 삶이 편리하다는 건 그만큼 나아지고 있다는 증좌다. 그걸 인식하지 못한 채 눈이 어두웠네! 날마다 몸소 누리는, 미국보다 나은 삶의 환경을 느끼지 못하고, 혼자 힘으로 어쩔 수도 없는 시국만 불평 불만하며 살아온 자신이지 싶다.

이제부터라도 긍정의 밝은 눈으로 비교 우위에 있는 현실 환경을 인식하면서, 즐거운 마음으로 살아가야겠다. 농장의 주목도 수긍하는 듯 고개를 끄덕인다.

고향 상실의 계절
-사투리를 중심으로

"우야꼬, 니가 왔나?"

"이게 및 해만인고, 디게 반갑데이!"

얼싸안고 온몸을 흔든다. 오랜만에 고향을 찾았더니 백발의 국민학교(현 초등학교) 동창인 광수가 하는 말에, 저절로 사투리가 튀어나온다. 광수의 '우야꼬'란 말엔 해마다 열리는 초등학교 동창 모임에 참석하지 못한 내가 연락도 없이 불쑥 나타나니, 항의와 놀라움의 뜻이 그 말에 함축돼 있다.

바로 사투리로 나오는 내 말대꾸가 신기하다. 고향 떠난 지 칠십 성상, 몇 년마다 한 번씩 들러서 잊어버릴 만도 한데 즉각적으로 대꾸가 나온다. 앞으로 내 사투리를 얼마나 더 구사할 수 있을까? 상대방이 사투리로 말을 걸어줘야 나도 사투리가 나온다. 이처럼 시동을 걸어줄 광수가 이 마을에서 가장 나이가 많다고 하니, 그가 떠나면 이런 사투리로 말해 줄 사람도 없지 않을까?

사라지는 게 어디 사투리뿐이겠는가. 봄이면 강남 갔던 제비가 제 집처럼 찾아오던 우리 집 처마, 겨울이면 참새가 드나들며 짝짓기하던 초가지붕도 사라진 지 삼십 년도 더 된 것 같다. 어머니가 "밥 묵어라"라고 끼니때마다 말씀하시던 그 말도 들은 지 아득하다.

고향을 지켜주던 마을 어귀의 당산나무 성역聖域도 언제부턴가 도로로 편입돼 차만 휭휭 다닌다. 내 생일 때마다 떡 접시가 넘어가던 담도 언제 허물어졌는지 흔적조차 없다. 보고 싶고 느끼고 싶은 '그리움의 대상'이 자꾸만 사라져간다.

그래도 고향에 오면 '고향 맛'이 절로 풍기던 사투리를 들을 수 있었는데 이마저 멀지 않아 없어질 듯하다. 서운해하는 내게 광수가 일러준다. "내가 이 고을에서 상노인이오. 나마저 뜨고 나면 우리 시골말을 들을 수 없는 게 차말로 안타깝다"라며 애달파 한다.

사투리는 고향을 느끼게 하는 말이다. 어린 시절을 불러올 뿐 아니라 푸근한 친근감을 준다. 아버지·어머니를 떠올릴 수 있게 하는 추억의 말이다. 지난날 우리 집 가마솥 '숭늉 맛' 같았던 구수한 사투리도 사라져간다. 서울에서만이 아니다. 고향에서도 좀처럼 듣기 어려운 흙냄새 나던, 호롱불 관솔(소나무 옹이) 냄새나던 우리 마을의 향기 같은 말이다.

문명이 발달할수록 지역의 경계가 무너지듯 사투리도 빠르게 사라지고 있다. 내가 태어날 때부터 듣던 어른들의 말이었는데 이젠 상황이 바뀌었다. 지금의 어른들은 학교에서 표준말을 배웠고, 집에서도 텔레비전과 라디오, 손전화 등에서 듣고 배우는 게 서울말이다. 그래선지 고향에 사는 어른들도 아이들도 대대로 전해오던 사투리를 제대로 말할 수도, 알아들을 수도 없는 이방인이 아닌가. 안타깝다.

세월은 '그리움'을 가져다주는 게 아니라 있던 '그리움의 대상'을 앗아가는 듯하다. 고향이 그리운 건 내가 살던 초가집, 우리 논밭, 물장구치며 피라미 잡던 계천, 눈 뜨면 삼성산三聖山(578m)에서 떠오르던 그 햇살이 있고, 구수한 방언을 들을 수 있어 한결 정다웠기 때문인데, 이런 유형有形의 터전도 옛 모습이 아닌 데다 그 시절에 듣던 토속 말도 이젠 좀처럼 들을 수 없으니, 그리운 내 고향은 어디에서 찾을 수 있을까?

'유형의 대상'은 다시 만들 수 있겠지만, '무형의 말'은 바람 같이 지나가면 그만이다. 광수마저 이 세상을 뜬다면, 조금 전에 듣던 그 말도 더는 들을 수 없으니, 내 고향 사투리를 다 잃어가는 계절(세월)이다.

생각을 거듭해도 사투리가 없는 고향은 고향일 수 없을 것 같다. 어머니가 말문을 틔어 준 그 젖내나는 말들을 앞으로 들을 수 없으니, 아쉬움에 마음이 저민다. '사투리가 없는 고향'도 고향일까? 광수가 시동 걸어준 그 말을 또 한번 되뇌고 싶다.

"우야꼬 니가 왔나?"

즐거운 산책

내겐 샛강생태공원*을 산책하는 즐거움이 있다.

모래벌판이었던 여의도에 콘크리트 건물이 숲처럼 들어선 때문일까? '자연의 숲', 샛강생태공원을 조성한 지 어언 22년을 맞이한다. 그 기간 내내 이 공원의 숲길을 걷는다. 산책하다 보면 내 고향 마을의 개천을 밟는 느낌이기 때문이다. 이른 아침마다 여기에 들러 산책하는 이유이기도 하다.

이 공원은 올림픽 도로와 여의도 남쪽 끝자락 사이에 있다. '자연의 숲'으로 보존한다는 취지로 만든 사연 녹지다. 여의도가 뉴욕의 맨해튼이라 칭하듯이 아마도 여의도에 '문명의 빌딩 숲', 즉 고층 건물이 많아질 것을 예견하고 여기에 조성한 생태공원이지 싶다.

서울 고층 건물의 상징이었던 63빌딩(1985년 건축)을 비롯하여 2010년에 세 동의 서울국제금융센터(IFC, 32층, 29층, 55층) 건물, 2013년에 50층의 전국경제인연합회 회관, 그리고 지금 짓고 있는 파크원(PARC One Tower, 69층, 53층) 빌딩이 하늘로 치솟고 있다.

이런 '문명의 빌딩 숲' 남쪽에 섬처럼 길게 뻗은 '자연의 숲'이 샛강 생태공원이다. 내가 즐겨 찾는 산책로다. 63빌딩 동쪽 한강 물이 이 공원으로 흘러든다. 그 물길 따라 걷는다. 내 키보다 높이 자란 갈대숲에 들어서면 마치 외딴 섬에 온 듯 아늑하다. 국회의사당 쪽으로 향하면 왼쪽엔 물이 찰랑찰랑 흐르고, 오른쪽엔 억새들이 흰머리를 흔들며 반긴다.

잎 떨군 버드나무 가지가 바람 따라 물 위에 춤을 춘다. 생태 연못 진펄에 자리한 마른 숲엔 참새·딱새 무리가 후루룩 날아다니며 서로 아침 인사를 하는 듯 재잘거린다. 몇 마리의 참새는 녹두만 한 빨간 찔레 열매를 쪼아대며 허기를 달랜다.

연못 주위의 생태 숲에 들어서며 나도 그 숲의 일원이 된다. 뭇 식물이 품어내는 신선한 공기를 마시니 혈액순환이 잘 되고, 무지근하던 몸도 활기를 되찾는다. 착잡하던 잡념이 낙엽처럼 날아가고 기분이 가뿐해진다. 마음도 한결 푸근하다. 그래선지 지난밤 글 쓰다가 막힌 문맥의 서두가 '나 여기 있소'라는 듯 머리에 떠오른다. 참 신기하다. 머리도 '자연의 숲'에선 잊었던 기억을 되살려내는 것일까?

또한, '자연의 숲'이 내 고향의 논두렁 밭두렁을 불러온다. 이맘때면 동네 친구들과 어울려 쥐불놀이하며 뛰어다니던 그 들판이 떠오른다. 그것만이 아니다. 나에게 먹이려고 부엌에서 벌건 불빛 얼굴로 조청을 고으시던 어머니의 모습도 눈앞에 어른거린다.

이처럼 나의 산책은 '일석삼조一石三鳥'의 효과가 있다. 산책하는 사람들과 어울려 같이 걸으니 보폭이 빨라지고 다리에 힘이 솟는다. 느슨하던 몸도 생기가 돌아 나의 건강을 챙겨 주고, 잊었던 글귀를 떠올려 줄뿐 아니라, 그립던 고향의 추억도 불러온다. 고마운 샛강생태공원이다. '자연은 사랑하는 사람이 가지게 된다.'고 하더니 정말 그렇다.

사그락사그락 억새와 갈대가 서로 몸을 비비대는 소리를 들으며, 산책하는 이 시간이 더없이 즐겁다.

*샛강생태공원: 공식 명칭은 '여의도 샛강생태공원'. 1997년 9월 25일 조성한 국내 최초의 자연생태공원이다.

파도 소리의 힘

'파도 소리'가 힘이다.

1953년에 부산 영도에서 공부한 적이 있다. 6·25전쟁으로 피난 온 서울 학교(국립 체신고등학교)였다. 교사校舍는 등대가 보이는 바닷가 화물 적재장積載場에 판자로 지은 임시교사였다. 흙바닥 교실에 책상을 놓고, '돈 쯔 돈 돈' 무선통신 부호를 외었다.

그 교실은 기숙사로도 사용되었다. 밤이면 책상을 교실 뒷면에 옮기고 흙냄새, 소금기 나는 바닥에 자리를 깔고 잠을 잤다. 교실에서 삼시 세끼 생멸치국에 밥을 말아 먹었다. 창밖에는 배에서 하역한 안남미 포대가 산처럼 쌓여 있었다. 타향의 흙내를 맡고 싶어선지 바닷바람에 쌀알이 땅에 떨어지는 소리가 들렸다.

보름달이 밝았다. 열여섯 살 어린 나이에 집 떠난 외로움일까. 놓칠 수 없는 희망의 수레를 밀어주는 힘일까. 등대 둑에 닿는 '파도 소리'가 나를 육지로 미는 듯했다.

'쏴 쏴 철썩 철썩 ~'

쉼 없이 뚝방을 두드렸다. 그 힘에 실려 언젠가 육지로 밀려갈 것이라 믿었다. 우리 힘으로 어쩔 수 없을 때 신의 힘을 바라던 그런 이치가 아니었을까? '파도 소리'가 들려오면 상상의 나래를 펼쳤다. 고향에 들러 온돌방에서 잠도 자보고, 열차를 타고 한강도 건너보고, 환도하여 서울 구경도 하고…. 밤새 꿈은 꿈을 낳았다. 그러던 상상은 내 인생의 나침판이 됐다.

하지만, 낮이면 '뭍의 파도'가 나를 교실에서 밀어냈다. 그해 6~7월 수숭 2~3일은 흰 수건을 이마에 두르고 광복동 거리를 뛰었다. '휴전 반대' 피켓을 들고 구호를 부르짖었다. 나의 의지와는, 나의 '나침판'과는 다른 그 구호를 외치며 외치며 대로를 달렸다.

그러나 '뭍의 파도'는 전쟁을 멈추게 했다. 그해 7월 27일 판문점에서 휴전협정이 체결되었으니, 교실이 떠들썩했다. 학생이 모두 손잡고 펄쩍펄쩍 뛰었다. 서울로 환도할 것이란 상상이 현실이 됐다. 파괴된 서울의 통신 시설을 하루빨리 복구해야 한다고 했다. 그날 저녁 내내 잠을 설쳤다. '파도 소리'가 들렸다. 그럴 때마다 나를 뭍으로 밀어주는 것 같았다.

'뚜~우' 하는 기적이 울렸다. 9월 13일 부산역을 출발하는 기적 소리는 유난히 길었다. 서울로 달리는 열차는 더디고 더뎠다. 아홉 시간이나 달려 한강을 건넜다. 꿈에 그리던 서울에 도착했다. 원효로에 있다는 본교는 영국군이 주둔하고 있었다. 임시로 종로5가 연지동에 있는 서울보험저금관리국 청사에 짐을 풀었다. 7층의 붉은벽돌 건물이었다. 거기에서 기숙하며 공부했다.

전쟁의 상흔은 어수선했다. 빌딩이 길바닥에 누웠고 전주도 전선을 물고 잠을 자고 있었다. 신경과 같은 통신은 되지 않았다. 요원도 부족하다고 했다. 그 때문인지 학생복 차림으로 공무원에 임명됐다. 아직도 기억이 생생한 세종로 84번지(지금의 케이티), 국제전신전화국이 나의 첫 직장이었다. 8년여 공무원 생활, 그 후 군대 생활, 코트라 해외무역관 근무 등의 여정을 거쳐 서울이 제2의 고향이 됐다.

돌이켜보면 집 떠나 부산 영도에서 듣던 그 '파도 소리'가 오늘의 서울 생활로 밀어준 듯하다. 지금도 적적한 밤이면 그 '파도 소리'가 환청처럼 들려온다. '쏴 쏴 철썩 철썩 ~', 나를 일깨우는, 앞으로 밀어주는 힘이다. 어디까지 밀려갈지 모르지만.

봄의 언어들

봄은 시작이다, 남쪽 바람 따라서 온다. 아지랑이 하늘하늘 봄기운을 실어나른다. 뭇 생명이 잠 깨는 기척 소리가 들려오는 듯하다. 그 실음實音을 듣고자 봄이 오는 여의도공원에 들어선다.

<자연생태의 숲>이다. 낮은 산 오솔길 같은 관찰로를 따라 걷는다. 낙엽이 부스럭거린다. 콩나물 머리 같은, 이름 모를 여린 싹이 낙엽을 밀어 올리며 부스스 머리 드는 소리. 마치 봄맞이를 시샘하듯 떡갈나무도 도톰한 움을 가지마다 돋운다. 직박구리가 잠을 깨어 찍찍거린다. 딱새들도 포르르 날아다닌다. 너덧 마리씩 떼 지어 이 가지, 저 가지로 옮겨 다니며 짹짹거린다.

숲길을 내려서니 <문화의 마당>이다. 운동장처럼 널찍하다. 공연과 행사를 하는 마당이다. 이른 아침부터 활기차다. 아이들이 롤러스케이트를 탄다. 휭휭 돌며 구르는 롤러 소리가 드르륵드르륵한다. 딸애를 데리고 나온 아빠는 자전거에 아이를 앉히고 밀어가며, 즐거워하

는 그 애의 표정을 읽으며 운동장을 돌고 돈다. 딸에게 봄볕을 쬐게 하려는 아빠의 마음이 고스란히 전해온다.

농구대에선 키 큰 외국인 여섯 명이 편을 갈라 경기한다. 쏜살같이 공을 쫓아다닌다. 날 듯 훌쩍 뛰어 공을 그물망에 넣으며 '슛' 한다. 집게 든 할아버지도 마당 주위를 돈다. 엿가위 소리같이 집게를 딱딱 거리며 휴지와 빈 병을 줍는다. 산책 나온 가족들이 맨손 체조하며 구령을 붙인다. "하나, 둘, 셋, 넷" 한다. 생동감을 준다. 봄을, 나를 일깨우는 소리로 들린다.

확 뚫린 <잔디마당>이 눈길을 끈다. 파릇파릇 작은 싹들이 햇볕을 반긴다. 저만치 짚으로 이은 4각 원두막이 보인다. 그 앞에 다가가니 연못에 햇빛이 자글댄다. 물 한가운데엔 덜 녹은 얼음장이 섬처럼 떠 있다. 긴 겨울 동안 굶주렸던 때문일까? 작은 붕어 떼가 내 앞으로 몰려와 입을 빼끔거린다. 무엇인가 먹이를 달라는 입 짓이다. 아무것도 줄 것이 없으니 그저 미안한 마음이다. 물속엔 수련이 뿌리를 내리는 듯 작은 물방울이 수면에 동동 뜬다. 뿌리의 숨결이다.

그 연못을 지나 <전통의 숲>에 들어선다. 단청한 팔각정과 사모정이 고색창연하다. 둥근 연못과 어울려 우리의 옛 정취를 물씬 풍긴다. 소나무, 버드나무, 벚나무들이 줄기 속으로 물 올리는 소리가 들려오는 듯하다. 연못 가운데 섬엔 참새들이 조잘대며 깃털을 툭툭 턴다. 묵은 털을 털어내고 새봄을 맞는 환희이지 싶다.

파릇파릇 잎 봉오리를 마디마다 틔운 수양버들 가지가 바람 따라 춤춘다. 연못엔 정겨운 원앙새 부부도 서로 눈짓을 주고받으며 꾹꾹

거린다. 어디선가 비둘기 떼가 후르르 날아와 내 앞에서 빙빙 돌며 구구댄다.

이처럼 공원의 뭇 생명이 질세라 봄맞이 소리를 낸다. 잡초들이 싹 올리는 소리, 나뭇가지에 움트는 소리, 소나무와 벚나무가 줄기 속으로 물 올리는 소리, 참새들이 봄을 반기며 깃털 터는 소리, 버드나무 가지가 춤추는 소리…. 소리 소리가 '봄의 언어'다.

반가운 시작의 소리, 잠든 나를 일깨우는 환희의 언어다. 출발의 호루라기 소리다.

5부
호박, 그도 타향 나도 타향

어차피 잘살아 보려고 서울로 올라온 나나, 호박 당신이 아닌가. 뜨거운 철망, 열매 하나 놓을 데가 마땅찮은 현실은 도시에 나온 누구나 겪는 일이다. …. 꾹꾹 참고 견뎌보자.

보리밥이 그립다

보리밥도 향수일까? 이천시 덕평공룡수목원을 구경하고 돌아오는데 차창 너머로 눈길이 간다. '가마솥 보리밥' 식당 간판이 나를 고향으로 몰아간다. 어릴 적 먹었던 보리밥이 입맛을 다시게 한다.

초등학교 중학년中學年 때였다. 학교에서 집에 돌아오면 오후 서너 시경이었다. 어머니는 작은 소반에 '3점 한 상' 새참을 차려주셨다. 사립문 옆 감나무 그늘 밑에 있던 평상에 올라앉으면 구수한 된장 냄새가 났다. 시원한 열무김치도 맛이 있었지만, 뚝배기 된장 맛이 일미였다.

누르스름한 멸치 서너 마리에서 우러나온 그 뚝배기 된장 맛이 달았다. 얼음같이 차가운 샘에서 길어온 찬물에 보리밥을 말아먹으면서 떠먹던, 구수하고 달았던 그 된장 맛이 여태 내 입에 남았다. 그때의 멸치는 '황금 멸치'였을까. 어찌 그리 맛이 있었는지? 배고프던 시절이라서만이 아니었다. 참으로 맛이 좋았다.

입에 딱 들어맞던 그 맛이 지금도 내 입에 감돈다. 7월이면 먹고 싶은 그 시절의 보리밥. 어머니가 보리쌀을 물에 불려서 지은 밥이라서 그럴까. 잘 퍼진 밥알이 부드럽고 건맥아乾麥芽의 엿기름 맛처럼 달짝지근한 맛이 침을 고이게 한다. 하지만 어머니가 안 계시니 다시 맛볼 수 없는 그 맛이다.

요즘 슈퍼에 가면 먹을거리가 넘쳐나고 외국 방방곡곡에서 들어온 맛깔스러운 조미료와 향신료가 가득하다. 그런 재료로도 그 맛을 낼 수 없는 어머니의 보리밥과 그 된장 맛이다.

'그 맛'이란, 그 시절을 살았던 어머니들만이 조리할 수 있었던 것일까. 어디 가서 그 맛을 다시 즐길 수 있을까? 문명이, 식생활이 발전해도, 여러 나라의 맛집 음식을 먹어봐도 그 보리밥과 된장 맛에 미치지 못하는 것 같다. 이토록 못 잊는 건 내 입맛의 사치일까. 아니면 어머니의 손맛이 그리워서일까?

7월이면 평상에서 먹던 그 보리밥이 그립다. 어머니가 그립다. '보리밥'도 향수이지 싶다. '3점 한 상'이 자꾸만 그리우니까.

좋은 글을 모으면서

17년 전이다.

<창작수필> 신인상을 받았지만, 막상 글을 쓸 때면 표현할 낱말이 부족함을 느낀다. 그러다 보니 같은 단어를 한 문장에 중복해 쓰고, 이미 보편화한 일상어로 대상을 형상화하니 글의 신선도가 떨어진다. 문장이 건조하고 매끄럽지 않다. 나름의 특성화한 글을 쓰고 싶은 마음에 '좋은 글 모으기'를 결심한다.

샤프펜슬을 가지고 다니면서 읽는 글 중에 생소한 낱말이거나 감칠맛 나는 문장에 밑줄을 긋는다. 그런 낯선 단어와 문장에 내 손을 스킨십하면서 두세 번 읽는다. 친해지고 싶이서다. 이처럼 밑줄 긋기는 글 읽기를 부추기기도 하니 일거양득인 셈이다.

밑줄 칠 글을 찾는 지면은 다양하다. 매일 아침 읽는 3개 신문, 때때로 사서 보는 잡지, 수시로 받는 신간 수필집 · 시집 · 소설책…. 길을 걸으면서 줍기도 한다. 눈에 띄는 상가의 광고문, 현수막 문구, 건네주는 홍보용 팸플릿에서 좋은 낱말과 문장을 메모하여 주머니에 넣는다.

선 긋고 메모한 자료엔 만난 날짜별로 일련번호를 매기고, 그 낱말과 문장의 출처, 그리고 저자명을 써넣는다. 한 번호에 16절지 석 장씩 입력한 것을 묶어 '좋은 글' 파일에 저장한다.

그렇게 적장積藏한 자료는 한 장씩 출력하여 부여한 번호순으로 쌓는다. 지난 17년간 모은 자료는 나의 글쓰기 '밑천'이다. 글의 풍성한 거름이 되기에 허리 높이로 쌓인 그 자료를 바라보면 마음이 뿌듯하다. 때론 글 쓰고 싶은 의욕까지 북돋워 준다. 내게 쓰임을 기다리고 있는 듯하다. 그래서일까?

때때로 글 쓰다가 적합한 '일물일어一物一語*'가 떠오르지 않거나, 문장이 슬슬 풀리지 않을 땐 수시로 그 자료를 꺼내 읽는다. 그러면 의외로 좋은 낱말이 떠오르거나, 맛깔스러운 문장을 내 글에 인용하고 싶은 충동을 느낀다. 하지만, 그 낱말이나 문장을 그대로 쓰진 않는다. 될 수 있는 한 그 낱말이나 문장을 본보기 삼아 연상한 새 낱말이나, 새 문장으로 다듬는 경우가 대부분이다. 나의 글이니까 그 글을 내 몸속에 체화體化시키기 위해서다.

그런 낱말과 문장으로 다듬은 글을 읽으면 내용이 간결하고 신선하다. '창작'이란 본령本領에 가까워지는 듯하다. 내가 낳은 글이란 느낌이 든다. 은근히 자족한다.

'욕심이 욕망을 낳는다'라고 했던가. 진즉부터 이긴 하지만, 나는 말재주가 없는 사람이다. 무뚝뚝한 데다 남의 귀를 내게 기울게 하는 말맛이 부족함을 늘 느끼고 있다. 또한 요즘 말로 난 '인싸*'가 아니다. 이참에 여럿이 만나는 모임에 자주 나가, 대화 중에 듣는 '좋은 말'도 '좋은 글'처럼 모았으면 한다. 남의 말을 잘 경청하는 효과도 있을 것이기에.

늦지만, 한참 늦었지만, 지금부터라도 '좋은 말 모으기'를 또 시작해야겠다. '좋은 글'만치 내 마음이 뿌듯할 때까지.

*일물일어: 프랑스의 소설가 구스타프 플로베르(1821~1880)가 주장한 문학 표현의 하나. 하나의 사물을 나타내는 적절한 단어는 하나밖에 없다는 설.

*인싸: '인사이더insider'라는 뜻으로, 각종 행사나 모임에 적극적으로 참여하면서 사람들과 잘 어울려 지내는 사람을 이르는 말. 아웃사이더의 반대말.

비 온 김에 숙제하다

한여름이다.

이맘때면 으레 장마가 찾아온다. 아침 뉴스에 오후 늦게 비가 온다기에 농장(조경수 750여 그루)으로 향한다. 며칠간 김매다가 다 끝내지 못했기 때문이다.

하늘엔 짙은 먹구름이 흐른다. 비의 선발대인지 간간이 바람이 나뭇잎을 흔든다. 시흥시 목감사거리를 지나 월미마을에 들어선다. 가로수에 떼 지어 앉은 참새도 반겨주는 듯 정겹게 짹짹댄다. 어디선가 개구리 소리도 들려온다.

어느덧 밭 입구다. 컨테이너 농막 문을 연다. 일옷을 갈아입고 큰애가 보내준 챙 긴 텍사스 모자를 눌러쓴다. 수건을 허리춤에 찬다. 창고에서 낫과 호미를 들고 밭고랑에 들어선다. 벚나무와 주목의 목을 죄는 넝쿨(들고마니, 담쟁이 등)을 걷어내고, 즐비한 강아지풀을 한창 뽑고 있을 때 우당탕거린다. 남쪽 하늘에 번갯불이 번쩍인다.

빗방울이 뚝뚝 떨어진다. 이게 웬일일까! '오후 늦게 비가 온다는 예보였는데' 라며 어정어정 농막으로 돌아온다. 커피를 타 마시며 비 그치기를 기다렸으나 좀처럼 멈출 기미가 안 보인다. 빗줄기가 점점 굵어져 간다. 밭고랑에 물이 고이고 풀잎도 비에 젖어 더는 일할 수 없을 것 같다.

후줄근한 작업복을 벗고 평상복으로 갈아입는다. 책상에 앉자 엊저녁에 풀지 못한 숙제가 떠오른다. 'S 문학'으로부터 청탁받은 공동제共同題*, '장마'의 얼개가 짜이지 않아 숙제로 남은 채다. 마감이 3일 앞으로 다가오니 마음이 조급해진다.

그동안 짬날 때마다 머리를 굴려봤지만, 글의 핵심 줄거리가 잡히지 않는다. 걱정만 하고 있던 터라, 그 숙제나 풀어 보자며 컴퓨터를 켠다. 비는 장대비가 되어 쏟아진다. 농막 앞마당이 질퍽댄다.

그 마당이 어릴 적 추억을 부른다. 초등학교 시절에 2~3일 동안 이어진 장마로 우리 집 마당이 질퍽거려 방안에서 뒹굴던 생각이 난다. 그도 그럴 것이 고무신을 신던 때라 어디 밖으로 나가기가 거북하다. 신발에 물이 괴고 미끄러워서 외출하지 못하게 하시던 어머니의 '가호加護의 울안'에 안주하던 장마철. 장화가 없다고 떼쓰던 내 철없는 어설픈 유년 시절.

그러던 날의 검정 고무신이 좀처럼 풀리지 않던 글의 실마리를 열어준다. 옳지, 이거다. '고무신 때문에'란 추억담으로 '장마' 글제를 풀기로 한다.

갑자기 신이 난다. 글자판을 두드리는데 빗소리가 응원한다. '두둑, 두두둑~', 장단을 친다. 컨테이너 표면에 닿는 빗방울 소리다. 그 빗

소리와 글자판 치는 소리가 서로 밀어주며 문장을 끌고 간다. 소리 소리 따라 글의 뒷말이 슬슬 풀린다. 청탁받은 원고지 10매 분량, A4 지 한 장에 글이 메워진다. 시부저기 글 쓴 게 탈고의 희열을 준다.

드르륵 인쇄한다. 차분히 읽으면서 퇴고하니, 그런대로 괜찮은 장마 추억담이다. '고무신 때문에'란 글의 얼개가 누구나 어려웠던 1940년대 말기를 말하고 있을 뿐만 아니라, 그때의 내 동심을 그리고 있어서다.

일기 예보가 빗나가 비 온 게 다행이다. 숙제를 할 수 있었으니. 밤잠 설치던 부담감에서 벗어나 가슴이 후련하다. 엉켰던 머리도 개운하다. 추억이 글문을 열어준 덕분이다.

'엎어진 김에 쉬어간다.'더니, '비 온 김에 숙제했으니' 만만다행萬萬多幸이다.

*공동제: 여러 사람이 공동으로 쓰는 글의 제목

물왕저수지에서

저수지, 넓은 품으로 베풀며 산다.

오랜만에 비다운 비가 내린다. 올여름 내내 경인京仁 지방엔 찔끔찔끔 비가 오다가 그치기를 거듭해 갈증을 느꼈는데, 시원스러운 빗줄기가 좔좔 쏟아진다. 군데군데 진흙 바닥을 보이던 물왕物旺저수지에도 큰물이 밀물처럼 흘러든다. 그 물이 쌓이고 쌓여 저수지가 그득하다.

출렁이는 그 물결을 보니 내 마음도 생기가 돈다. 텅 비어 조용하던 저수지가 살아 움직이는 듯하다. 낚시꾼도 여기저기에서 보이고 오리들도 찾아와 유유히 선회한다. 나도 농장 가던 걸음을 멈추고 움직이는 저수지를 바라본다.

지난 3일간의 비로 운흥산(205m) 기슭을 훑은 흙탕물이 구름처럼 굴러 굴러 기존의 물에 지도를 그린다. 두 물이 섞이면서 뿌옇게 한 몸이 되어 간다.

며칠 전만 해도 바닥을 드러낸 얕은 물에서 퍼덕이던 물고기들, '이제 살았다'는 듯 줄줄 내리는 굵은 빗방울을 받아먹는다. 입을 벌름거리면서 즐거운 모양새다. 꼬리를 살랑살랑 흔들며 앞서거니 뒤서거니 몰려다닌다. 물은 이처럼 생명에게 귀한 존재다.

그 옥수玉水를 담아주는 저수지도 소중하다. 그 존재 가치만큼이나 품이 넓고 깊다(7m). 여느 저수지와 같이 이 물왕저수지도 끝이 보이지 않을 정도로 펑퍼짐하다. 시흥시에서 가장 큰 담수호(58만㎡)다. 아무런 대가 없이 물고기·오리 등의 생명을 키워줄 뿐만 아니라 지친 백학들이 쉬어가는 곳이기도 하다.

올해 2월까지만 해도 물이 가득 차 넘실대던 저수지다. 지난봄부터 둑 밑 들판의 농작물에 제 품 안의 물을 다 내어주고 바닥을 드러낸 저수지였으니. 물론 인간의 손에 의한 배수排水이긴 하지만, 생명의 은인이지 싶다. 지난가을·겨울 동안 보듬고 담아온 옥수가 아닌가. 나는 언제 그렇게 보듬어 베푼 적이 있는가?

넓은 월미 들판의 볏논, 연꽃단지, 밭마다 열매를 단 포도 · 옥수수 · 참외 등도 저수지가 내려준 물을 마시고 자란다. 우리 농장의 750여 그루의 조경수(주목, 벚나무 등)도 그 물을 마시며 자라고 있으니 물왕저수지가 소중하게 여겨진다. 이처럼 뭇 생명에 베풀고 사는 당신을 본받고 싶은 발싸심이 인다.

남을 위해, 농작물을 위해 제 속을 다 비운 저수지가 가을 · 겨울을 맞이하고자 새 물을 받아 품에 안는다. 고이 저수하여 내년에 농작물의 생명수가 되고자 한다. 저수지를 채워가는 물이 넘실댄다. 바람 따라 출렁이는 그 물결에 내 마음도 풍성하다.

그래서일까. 풍요롭고 넉넉한 저수지에 나를 견주어본다. 인생 가을에 접어든 나는 지금까지 거친 길을 걸어오면서 애쓴 마음 때문인지, 정마저 메말라 간다. 밝게 웃는 어린이를 봐도, 친한 친구를 만나도 예전처럼 반갑고 정겨운 느낌이 덜하다. 내 마음도 쇠잔하고 바닥난 듯하다. 농작물에 품 안의 물을 다 내어준 저수지처럼.

나도 '새 물'을, '새 문물'을 내 품 안에 채워갔으면 한다. 보듬고 베풀며 사는 당신 따라.

어떻게 생활화한 에티켓인데

출근길이다.

63빌딩 버스 정류장에 닿는다. 기다란 나무 의자가 퇴상退床같이 너저분하다. 빨대가 꽂힌 커피잔, 마시다 만 콜라병, 박카스 빈 병, 요구르트병…. 앉지도 못하고 서 있던 할머니가 혀를 툭툭 찬다.

이런 풍경은 전철역에서나 다른 버스 정류장에서도 종종 볼 수 있어 안타깝다. '한참 동안 그렇지 않았는데.'

88 올림픽 때가 떠오른다. 그때 나는 코트라 나고야무역관에 근무하고 있었다. 나고야가 88 올림픽 유치 때 서울과 최후까지 경쟁하던 도시라 이곳 시민들이 서울 올림픽에 대한 관심이 많았던 까닭일까?

무역관 주선으로 방한하여 상담하고 돌아온 바이어마다 한국의 달라진 모습을 칭찬해줬다. 공항이나 은행 창구마다 줄을 서서 차분히 제 순서를 기다리는 모습, 고속도로 휴게소의 널찍하고 깨끗한 화장실, 번잡한 명동 거리에 담배꽁초 하나 보이지 않았다고 격찬하면서 서울 올림픽 유치가 잘된 것 같다고 했다.

이런 칭찬을 받아선지 나도 그때 우리나라 C 신문이 기획 연재한, 겸손하고 교양 있고 예의 바른 세계인이 되는 길이란 <글러벌 에티켓> 칼럼에 글을 썼다. 일본인의 질서 의식을 여러 번 기고했다. 아파트 단지에서 초등학생들이 줄 서서 등교하면서 올바른 통행 방법을 가르치는 상급생, 위험한 주차장에서 아이들이 놀지 못하게 하는 주의문注意文, "훌륭한 아이는 이런 곳에서 놀지 않는다."란 내용의 글 등.

이처럼 국내외 전 국민이 각자 제자리에서 '글로벌 에티켓'을 생활화하여 성공적으로 치렀던 88 올림픽이다. 그때 너나없이 예의 바른 세계인이 되고자 애쓴 덕으로 가장 깨끗하고 질서 있는 올림픽이었다는 평가를 받은 우리다.

그랬던 우리의 에티켓 문화가 뒷걸음질치는 듯하다. 비단 버스 정류장 의자에 쓰레기를 놓고 차를 타는 몰염치한 행위나 주차장에서 아이들이 공놀이하는 사례만이 아니다. 도서관이나 공중화장실 세면장에서 흔히 보는 타성이 하나 있다. "한 장이면 충분합니다."란 알림이 있는데도 손 씻고 화장지를 뽑을 때면 '쑥쑥~' 두서너 장씩을 한꺼번에 뽑아 쓰는 우리가 아닌가.

그뿐만이 아니다. '우측통행을 합시다.'란 글귀가 길바닥에 쓰여 있는데도 좌측으로 걸어오는 사람, 지하철 출구 에스컬레이터에 '손을 꼭 잡으세요.'라는 주의 표시가 보여도 뛰면서 달리는 성급한 사람들…. 선진국에선 좀처럼 볼 수 없는 현상이 눈에 띄는 날엔 '우린 언제 선진국처럼 여유 있는 국민이 되나?' 하고 스스로 되묻곤 한다.

올림픽을 치른 지 어느덧 30년이 지났다. 그동안 우리의 국제적인 위상은 상당히 높아졌다. 세계에서 수출 7위(2018)에 올라선 무역국, 국민총생산 12위의 경제 대국, 인터넷 1위의 정보통신국 등등. 이와 같은 위상에 걸맞지 않은 현상을 버스 정류장 의자에서 본 나는, 서울 거리가 깨끗해졌다고 칭찬해주던 나고야 그 바이어들에게 미안한 생각이 든다. 혹시 이 거리에서 그들을 다시 만날까 봐 겁이 난다.

어째 서울 거리가 30년 전으로 되돌아가는 듯하여 출근길 내내 마음이 우울하다. 우리 모든 국민이 '어떻게 생활화한 에티켓인데.' 하지만, 희망은 있다. 우리가 마음만 먹으면 할 수 있는 일이기에. 88 올림픽 때 했던 것처럼.

손전화의 계절

손에 손에 손전화다. 나도 그중 한 사람이다. 잠만 깨면 제일 먼저 손전화에 손이 간다.

으레 작동 버튼을 누른다. 오늘이 뜬다. 몇 월 며칠 몇 시라는. 손가락으로 화면을 그어 잠금을 푼다. 앱이 쪼르륵 뜬다. 메일 · 카카오톡 · 밴드 · 인스타그램 · 페이스북 · 토털사이트 카페 등등.

사열하듯 각 방을 둘러본다. 얼추 30~40분이 걸린다. 받은 메일에 답하고, 카카오톡 · 밴드 · 카페 등에 댓글을 단다. 축하 문자, 애도 문자, 분발하자…. 벨 소리나 메시지 도착음(音)이 들리면 깜박이는 방을 찾아가기 일쑤다.

소통의 매체가 손전화다. 상대에 소식을 알려주고, 상대가 알고 싶어 하는 것을 순간순간 전해주니. 그래선지 손전화가 고장이 나면 안절부절못한다. 한달음으로 서비스센터에 뛰어가서 고친다.

그처럼 손전화는 내게 떼려야 뗄 수 없는 애물이다. 언제 어디서나

가지고 다니는 필수 휴대품이다. 잘 때도 옆에 두고, 아침에 일어나 바로 손에 쥐는 것도 손전화다. 밥 먹으면서도 곁에 두고, 전철이나 버스를 탈 때도 내릴 때도 열어보고, 출근하여 책상에 앉자마자 뚜껑을 연다.

틈만 나면 손전화를 열고 각 방을 돈다. 수시로 뜨는 소식을 보고 대응하기 바쁘다. 하루 이틀이 아니다. 날마다 그러하다. 문자나 카톡, 이메일을 실시간으로 확인하다.

이러다 보니 차분히 글 한 편 구상할 시간이 없다. 우물을 팔 짬을 주지 않는다. 이 계절의 주인공은 내가 아닌 손전화다. 참으로 편리한 존재이긴 하지만, 나의 자투리 시간을 다 가져간다.

어느 날에 이 계절이 가고, 내가 나의 우물을 팔 겨를이 있을는지, 기다려진다.

북캉스

8월, 바캉스 시즌이다.

너나없이 시원한 곳으로 휴가 갈 채비를 한다. 매주 한 번씩 공부하는 수필반에서도 휴강이란 알림이 온다. 37도를 오르내리는 찜통더위에 어디로 가서 더위를 식힐까. 산, 바다, 아니면 집에서 출퇴근하는 시원한 데는 없을까? 갈 곳의 선택을 저울질한다.

아이들도 다 외국에 사니 나이 든 부부가 먼 데로 휴가 나서기가 망설여진다. 상의 끝에 아내는 평소에 다니는 수영장에, 나는 가까운 국회도서관에 나가기로 마음먹는다. 출퇴근하는 바캉스다. 그동안 소화하지 못한 신간들을 읽기로 한다. 요즘 말로 북캉스*다.

국회도서관은 쓸 글의 자료를 찾으려고 가끔 들르는 곳이다. 샛강역에서 9호선 전차에 오른다. 시원하다. 샤워하는 기분이다. 짧은 승차 시간이 아쉽게 느껴진다. 여의도역을 거쳐 국회의사당역에 닿는다. 에스컬레이터에서 내려 국회 출입문에 들어선다.

잔디밭 한쪽에 백일홍이 반긴다. 펑퍼짐한 몸매에 <꽃으로 지은

옷>을 입고 있다. 이글거리는 불볕에 알맞춤한 새빨간 빛깔이다. 하늘엔 뭉게구름이 둥실둥실 흐른다. 불볕을 피해 어디론가 가는 듯하다. 나의 행보처럼.

도서관 입구다. '어서 오십시오'라는 듯 큰 유리문이 자동으로 열린다. 에어컨 찬기가 온몸을 식혀준다. 보관함에 가방을 넣고 안으로 들어선다. 널찍한 중앙홀에 책 전시를 하고 있다. <휴가철 추천 도서>, <베스트셀러>, <신간 도서> 코너를 돌면서 읽고 싶던 세 권의 책을 손에 들고 깔끔한 독서석讀書席에 앉는다.

『여행의 이유』란 책을 편다. 문학동네에서 발간한 김영하 소설가의 산문집이다. <추방과 멀미>의 첫 글에서부터 시작하여 끝 글인 <여행으로 돌아가다>까지 다 읽는다. 줄거리는 '인생은 긴 여행길'이라며, 그 여정을 풀이한다.

"가끔은 별것 아닌 일로 다투기도 하고, 날 선 말로 감정을 다치기도 했지만, 그래도 함께 어딘가를 향해 걸어가고, 아름다운 풍경 앞에서 느낌을 공유하고, 맛있는 음식을 나누었던 이들, 이들이 없었다면 여행은 그저 지루한 고역에 불과했을 것이다." 결국 인생은 같이 걷는 이들이 중요함을 일깨워준다.

책 한 권 다 읽으니 12시가 지난다. 지하 식당으로 내려간다. 잡곡밥에 1탕 4찬이다. 사골 우거지탕에 콩나물잡채, 애호박 맛살 볶음, 오이양파무침, 깍두기 반찬이다. 4,800원에 어울리지 않은 맛난 식사를 한다. 식당을 나서며 자판기에서 밀크커피(200원)를 뽑는다.

커피 향을 즐기며 1층 중앙홀 독서석에 다시 앉는다. 여기가 그냥 낙원 같다. 시원하고, 보고 읽을거리가 많다. 책만이 아니다. 넓은 벽면엔 무성無聲의 8.15 광복기념특별전 영상이 흐른다. 주위엔 모두가 독서 삼매경三昧境이다. 은근히 조바심이 인다. 남보다 '더 많이 더 빨리 읽어야지.' 서산에 선 자신이 아닌가.

두 번째 책이다. 『나는 나로 살기로 했다』란 베스트셀러다. 마음의 숲 출판사에서 낸, 작가 김수현의 에세이다. 저자의 말처럼 "현재를 살아가는 보통 사람들에게 전하는 위로와 응원을 담고 있다. 무엇이 정답인지 알 수 없는 세상살이. 누구도 흉내 내지 않고, 누구도 부러워하지 않는, 나를 인정하고 사랑하는 방법을 전한다." 나도 나로 살고 싶은 충동을 받는다.

밀크커피 한 잔을 또 뽑아 든다. 신간인 『공자에서 다산 정약용까지』의 두꺼운 책(391쪽)을 편다. 파라아카데미가 출판하고, 임헌규 강남대 철학과 교수가 쓴 책이다.

"유교의 창시자인 공자의 인문주의 이념에서 시작하여 한국 성리학의 최고봉인 율곡, 이이에 이어 한국 실학의 집대성자인 다산 정약용에 이르기까지 유학의 주요 흐름과 주요 인물의 논점을 동서 철학의 관점에서 재구성하고자 노력한 역작"이란 서평이다. 그 평처럼 유교 · 성리학 · 실학을 철학의 렌즈로 바라본 내용이다. 우리의 이념과 사상 체계를 다시 공부한 셈이다.

첫날에 이어서 사흘 동안 읽고 싶던 책을 거의 다 읽었다. 땀 안 흘리고 시원한 도서관에서 열두 권의 신간을 탐독한 나의 북캉스, 의

외로 실속이 있었다. 집에서 출퇴근하듯 느긋한 마음으로 전차 타고 도서관에 다녀, '포켓머니'가 축나지 않았으니. 돈 내고 사서 봐야 할 신간들을 무상으로 읽었으니. 이만한 내실內實의 바캉스도 드물지 싶다.

아쉬움이라면 습관화한, 좋은 문장이나 낱말에 밑줄을 그을 수 없었던 것이다. 그러나 중요한 내용을 메모하여 나의 <좋은 글> 파일에 저장했으니 수시로 컴퓨터를 열어 다시 읽어볼 작정이다.

다행스럽게도 도서관에서 <책 전시회>를 하고 있어, 올해의 <휴가철 추천 도서>와 요즘의 <베스트셀러>를 그 자리(독서석)에서 읽을 수 있었다. 그런 호기好機의 덕으로 내 머리에도 새로운 지식의 두께가 조금은 두꺼워진 느낌이다.

그것만이 아니다. 지금 쓰는 글 한 편도 건졌으니, 그런대로 괜찮은 북캉스다. 기차 타고 산이나 바다에 가지 않고, 도서관에 피서 다닌 게 참 잘한 일이다. 오랜만에 나도 잘한 일이 다 있네! 무리하지 않은 선택이 좋은 결과를 낳은 셈이다.

*북캉스(book vacance): 독서를 즐기며 보내는 휴가

링링의 후광

센 태풍으로 큰 피해를 줬던 링링이 지난 9월 7일 서울을 지나갔다. 예상보다 많은 비가 쏟아지지 않았지만, 2003년의 '매미'에 맞먹는 빠른 풍속이었다. 우리가 지나온 발자국을 남기듯이 링링도 훑고 간 흔적을 남겼다.

그 흔적이 궁금하여 시흥 월미농장(조경수 750여 그루)으로 향한다. 2~3일간 태풍 소식으로 마음이 조마조마했는데 우당탕거리던 강 태풍이 지나간 뒤라서 그럴까. 푸른 하늘에 뜬 해가 용광로 쇳덩이 같이 이글거린다. 걸음을 멈추고 쳐다본다. 어둡던 내 마음에도 밝은 햇살이 비춰든다. 여느 날과 달리 해님의 얼굴이 환하다. 내리는 햇살도 금실같이 빛난다. 대기에 낀 미세먼지도 다 몰아내고 공기도 한결 맑다. '링링의 후광後光'이다.

나만이 그렇게 느끼는 게 아니다. 전철역을 향해 걷는 이들이 반짝이는 햇살을 쳐다보며 반가워하는 기색이다. 대방역에서 1호선 전철을 탄다. 안양으로 향하며 차창 너머로 눈길이 간다. 하늘이 바다처럼 짙푸르다. 나뭇잎이 단풍같이 휘날려 떨어졌지만, 살아남은 잎들은 방금 세수한 얼굴처럼 곱게 반짝인다. 시련 뒤엔 빛이 따른다. 우리의 삶처럼.

'끼익~' 하고 전차가 멎는다. 안양역이다. 차에서 내려 소래 가는 32번 버스에 오른다. 태풍으로 길에 널브러진 잔해를 청소하는 손길이 분주하다. 목감牧甘 사거리를 지나 물왕저수지에 닿는다. 이 골 저 골에서 흘러내린 빗물로 저수지가 배부르다. 물과 물이 서로 만나 반가운지 강강술래 하듯 빙빙 돈다. 수면에 반짝이는 윤슬이 아름답다. 산자락과 저수지에 드리워진 무지개가 한 폭의 그림이다. 이처럼 자연의 만남은 '미美'를 만든다.

월미마을 정류장에 내린다. 더러 가로수가 뽑히고 나뭇가지가 꺾이긴 했지만, 무궁화꽃이 산뜻하다. 그 길 따라 농막에 닿는다. 작업복으로 갈아입고 조경수를 돌아본다. 키가 작은 나무라 그런지 강한 바람에도 굳건히 살아남은 주목·매실나무·전나무이다. 밭고랑에 쌓인 나뭇잎을 쓸어내며 밭둑에 있는 배나무 앞에 선다.

가지가 휘어지게 주렁주렁 달린 배를 아까워서, '열매 맺고자 태어난 하나의 생명인데'라며 적과摘果하지 않고 그냥 두었는데, 이번 태풍이 가지를 마구 흔들어 튼실하지 못한 열매를 떨어뜨려 줬으니 다행이다. 적자생존適者生存이랄까. 내가 하지 못한 일을 링링이 대신해 준 셈이다. 배만이 아니다. 두 그루의 대추나무 열매도 3분의 1은 떨어진 것 같다. 남은 3분의 2가 굵게 잘 크도록 열매를 솎아준 것이다.

걱정만 했던 링링이 좋은 일도 했구나! 부실한 것들은 꺾거나 찍어서 쓰러뜨렸다. 자옥한 먼지를 빗물로 씻기고 바람으로 확 쓸어가서 대기를 말끔히 청소해줬다.

그래서 오랜만에 환하고 찬란한 해님 얼굴을 볼 수 있었다. 미세먼지가 낀 나뭇잎도 빗물로 씻어내어 빛났다. 하늘도 전보다 더 짙푸르다. 몇 년 만에 꽃 같은 무지개도 보았다. '링링의 후광'이었다.

이번 태풍으로 큰 피해를 본 이들에겐 미안한 일이지만, 링링이 준 선물을 더 말하지 않을 수 없다. 배·대추의 간과에서 보듯 '태풍은 약한 걸 훑어 내고, 강한 걸 더 튼실히 살아가게 한다'라는 것을. 시련 뒤엔 빛이 따르고, 서로의 '만남'은 '미美'를 만든다는 것을 일깨워준 '링링의 후광'이다. 아마도 우리네 '삶의 태풍'도 이러하지 않겠는가. 끝내 참고 끝끝내 이겨내기만 한다면.

고마운 대파

우연한 만남이다. 라면이 부른 대파다.

조경수를 키우는 농장에서 일하며 이따금 라면을 끓인다. 그때마다 국물에 뜨는 기름기를 잡고자 파를 썰어 넣고 싶어진다. 그래서 옆집 밭에서 대파 다섯 뿌리를 얻어다 큰 화분에 심는다. 가끔 물을 주고 햇볕을 쪼이며 환기를 시킨다.

농막에 들인 지 십여 일이 지나니 반 뼘 정도 자란다. 흰 줄기 부분에 서너 잎이 분얼分蘖한다. 그 파란 잎이 볼펜 길이로 자라면, 잘라서 라면에 송송 썰어 넣는다. 매운맛이 기름기를 잡아 국물이 느끼하지 않다. 개운하다.

파는 환경에 맞춰 사는 식물이라는 생각을 한다. 우리나라처럼 좁은 땅에 딱 맞는 채소다. 옆으로 퍼지는 잎채소와는 다르다. 흰 줄기에서 분얼한 홀쭉한 몸으로 하늘을 향해 자란다. 고추처럼 여러 가지를 뻗지 않고 손가락만 한 굵기의 줄기로 위로만 지향한다. 출생지 땅값이 비싼 줄 진작 알았지 싶다.

그 좁은 화분에 살아가면서도 불평 없이 잘 자란다. 거름을 별로 주지 않아도 잘 큰다. 물만 먹고도 제 정체성인 매운맛을 낸다. 그 맛으로 다른 맛을 중화하는 향미제香味劑 역할을 한다.

심지 또한 곧다. 대[竹]를 닮았는지 긴 줄기로 꼿꼿이 자란다. 속까지 비워가면서 온 힘으로 하늘로 솟는 성장의 명수다. 많은 잔뿌리를 흙 속에 내린다. 속이 비고 단단한 뼈 하나 없지만, 태풍이 불어도 좀처럼 흔들거리거나 꺾이지 않는다. 똑바로 서 있는 올곧은 대파다. 미끈한 몸매다.

그의 곧고 굳은 의지를 바라보면 내 삶도 저래야 하지 싶다. 인제부턴지 한번 결심한 일이 흔들거리며 옆길로 들기 일쑤다. 의지만이 아니다. 비록 채 익지 않은 떫은맛이지만, 그 맛마저 세미世味에 중화돼 무슨 맛과 향으로 사는지 알지 못한다. 그 때문일까. 때때로 무료하게 차를 마실 때면 부러운 듯 물끄러미 바라보는 대파다. 언제부터인가 잃어가는 나의 인성人性과 맛을 되씹으면서.

쓸모가 많은 대파다. 시장에서 나오는 아주머니의 장바구니마다 비스듬히 누운 대파다. 그의 속에는 알리신Allicin 성분이 있어 생으로 먹을 때는 매운맛을 내지만, 익히면 단맛이 생기는 마법 같은 양념 채소다. 나는 덜 익어서 단맛이 없을까? 아마도 그럴 것이다.

특히 겨울 대파는 단맛이 강하고 비타민이 풍부해 고기 요리에 잘 어울린다. 찬 바람이 불면 얼큰한 육개장 생각이 난다. 어머니가 시장에서 사 온 대파를 길쭉하게 썰어 넣고 끓여주시던 그 보양식에 군침이 돈다. 고기보다 대파가 건강에 더 좋다며 자주 밥상에 올려주시던 뜨끈한 육개장! 밥 말아 한 그릇을 먹고 나면 이마에 땀이 송글송글 맺히게 하던 어머니의 정성 담긴 그 음식이 그립다.

그뿐만이 아니다. 라면은 물론이고 기름이 동동 뜨는 곰국이나 설렁탕, 그리고 가장 서민적인 해장국에도 빠지지 않는다. 이런 음식점엔 으레 잘게 썬 대파가 가득 담긴 뚝배기 그릇이 식탁에 놓여 있다. 한두 숟가락 국물에 떠 넣으면 맛이 한결 개운해진다. 가장 한국적인 음식에 맛을 보태는 대파다.

생선 찌개에 넣으면 생선 비린내를 없애준다. 빈대떡 반죽에 넣으면 틈틈이 박혀 그들의 맛을 더해준다. 돼지고기 기름기를 없애서, 녹두의 고소한 맛을 살린다. 우리 입맛에 맞게 조리하는 데 있어, 마늘과 함께 필수적인 향신 채소이다.

그러나 대파만을 먹는 일은 드물다. 주로 국이나 볶음, 지짐, 부침 따위에 썰어 넣는다. 각종 꼬치구이에도 부재료로 끼여서 아삭한 맛을 돋게 한다. 기름진 재료들 사이에서 개운한 맛을 내어주지만, 자신을 내세우지 않는다. 주연보다 조연의 역할에 만족한다. 겸손한 미덕이다. 내가 배울 교훈이다.

그의 매운맛은 여러 겹의 주피珠皮로 둘러싸인 흰색 부위에 배어 있다. 총백蔥白이라고 불리는 이 부분은 마황麻黃, 진피陳皮 따위와 더불어 탕약에 빠지지 않는다. 달여서 마시며 감기, 두통, 복통, 구토를 치료한다. 대파의 열매는 눈을 밝게 하고 우리의 속을 데워준다. 뿌리는 두통에 효험이 있다. 특히 감기 기운이 있을 때 뿌리 끓인 뜨끈한 국물을 마시면 몸을 따뜻하게 하여 의외로 효과가 좋단다. 하나도 버릴 게 없는 귀한 채소다.

스스로 자기방어를 잘한다. 이웃과 나까지 보호해준다. 그의 매운 향으로 농막에 날아들던 하루살이와 모기를 막아준다. 대대로 제맛과 향을 잃지 않는다.

대파는 여러모로 본받을 만하다. 평생을 꼿꼿하게 산다. 환경에 제 몸을 맞춘다, 속마저 비워가면서 외피外皮를 단단히 한다. 수많은 뿌리를 뻗어 바람에, 세풍에 흔들거리지 않는다. 스스로 매운맛을 키워 남의 맛을 더해준다.

대파와 비교하면 내 삶은 참 부실不實하다. 작은 바람이 불어도 흔들거리고, 그럴 때마다 양지를 찾아 이곳저곳을 헤맨다. 남의 맛을 더해주기는커녕 내 '삶의 맛'도 가늠하지 못한 채 허둥댄다. 밍밍한 맛이다. 대파의 매운맛이 아쉽다.

그래선지 찻잔을 들 때면 그에게 다가선다. 차를 마시며 번번이 '대파의 맛'을 쩝쩝댄다.

호박, 그도 타향 나도 타향

하늘에 뜬 달도 '고향 달'이라더니 서울에서 보는 호박도 '고향 호박'인가. 여의도 63로 대로변 주차장 철망 울타리에서 나의 시선을 당긴다.

호박 덩굴이 온몸으로 주차장을 가린 커튼처럼 보인다. 넓적한 잎과 잎 사이에 덩굴손을 철망에 감아 몸을 의지하고 있다. 내 키보다 높은 울타리에 옷을 입힌 호박 덩굴이다. 실 같은 덩굴손을, 꼬부장한 가녀린 그 손을 내 앞으로 뻗어, 마치 구원이라도 청하는 듯하다.

어디에도 손잡을 데가 없는 허공에서 덩굴손을 허우적거린다. 그러면서도 군데군데에 종 모양의 노란 꽃을 피우고, 수정해줄 벌들을 부르고 있는 것 같다. 그러나 이 꽃 저 꽃을 들여다봐도 고향에서 보던, 노란 꽃술 묻은 벌들은 보이지 않는다.

당연하지 싶다. 수시로 주차장에 드나드는 차 소리, 대로의 차들이 뿜어대는 매연, 물결처럼 지나다니는 인파 속에 벌인들 어떻게 발을 붙이겠는가. 그런데 신기하게도 몇 개의 호박꽃은 푸른 감만 한 애호박을 달고 있다. 저만큼 클 때면 호박 밑에 짚으로 만든 똬리를 놓아주시던 어머니 생각이 난다. 마음속 깊숙이 감겼던 옛일이 실처럼 풀려난다.

고향 집 흙담에 자라던 호박은 어머니의 사랑을 듬뿍 받았다. 담 아래 양지바른 곳에 씨를 뿌려, 거름을 주곤 하셨다. 흙이 건조하면 물을 뿌리셨고, 잘 뻗어가도록 덩굴손의 손잡이가 있는 방향으로 줄기를 옮겨 놓아주셨다. 그뿐만이 아니었다. 호박 곁에 나팔꽃을 심어 호박과 나팔꽃 줄기가 서로 팔짱을 끼고 커가게 해주셨으며, 호박 줄기가 열매의 무게로 힘들성싶으면 똬리까지 받쳐주시던 어머니였다.

그렇게 정성 들여 키운 호박으로 여러 가지 음식을 만드셨다. 여름철이면 때때로 애호박을 따서 국수에 말아주셨고, 호박전, 찌개, 새우젓 볶음 등을 조리하셨다. 그중 특히 아삭아삭 씹히던 호박전과 아릿한 새우젓 볶음의 맛이 일품이었다.

별미는 호박잎쌈이었다. 여린 호박잎을 따다가 깨끗이 씻어서 찜통에 넣고 4~5분 정도 찌셨다. 손바닥 크기의 호박잎에 잡곡밥과 심심하게 끓인 강된장 한 숟가락을 얹어 우물우물 씹는 맛은 여름을 기다리게 하는 음식 중의 하나였다.

가을이면 누렇게 익은 호박을 썰어 넣고 찐 시루떡을 먹었다. 산자락에 떨어진 밤을 주우러 다니면서 즐겨 먹던 그 떡이었다. 저녁이면 주워온 알밤과 늙은 호박을 썰어 넣고 끓인 호박죽을 식구들과 같이 먹던 그 마당의 그 멍석이 그립다.

그랬던 호박이, 고향의 그 호박이 웬일로 서울까지 왔을까? 하기야 고향에 살던 나도 도시로 나온 지 오래됐다. 60여 년이 덧없이 흘러 내 얼굴엔 세월의 주름이 깊이 파였건만, 저 호박꽃은 옛 모습 그대로 피어나지 않았는가. 장하다.

내가 떠난 그 집엔 도시 사람이 옮겨왔다. 별장을 지었다. 도농상생都農相生이라 할까? 이사 온 도시인이 초가를 허물고 현대식 전원주택으로 탈바꿈시켰다. 덩달아 호박이 자라던 흙담도 시멘트를 발라 매끈하였다.

발 디디거나 손잡을 데가 없으니 훌쩍 떠나온 게 아닐까? 이에 더하여 물과 거름 주고, 뻗어나갈 길로 줄기를 놓아주시던 어머니도 아니 계신 고향이라, 나 따라 서울까지 왔을까?

그럴지도 모른다고 생각하니 애처롭기 그지없다. 35~6도 불볕으로 뜨거워진 철망에 몸을 의지하고, 숨이 턱턱 막히는 배기가스를 마셔가며 산다. 깜짝깜짝 놀랄 차량 경적을 들어가며 벌 한 마리 날아들지 않는 주차장이 아닌가. 거름기도 물기도 없는 콘크리트 틈새에 뿌리 내려 사느라고 얼마나 고생이 많았을까. 외로움과 고단함을 지고 산 나의 타향살이에 못지않은 고난을 겪고 있다.

하지만 어쩌랴. 어차피 잘살아 보려고 서울로 올라온 나나, 호박 당신이 아닌가. 뜨거운 철망, 열매 하나 놓을 데가 마땅찮은 현실은 도시에 나온 누구나 겪는 일이다. 참고 견디면 머지않아 선선한 바람이 또 불어올 것이다. 열매 앉힐 똬리도 누군가가 마련해줄지도 모른다. 꾹꾹 참고 견뎌보자.

호박, 그도 타향 나도 타향살이, 당신과 내가 두 산더미의 뭉게구름이듯 둥실둥실 흐른다. 어머니도 그 흙담도 없는 저 고향 쪽으로.

6부
단풍 앞에서

광합성 작용을 부단히 한다. 그렇게
듬뿍 만든 양분을 모체에 나눠주는
효성이 지극하다.
뜨거운 여름 내내 정성껏 효도하고
늦가을 햇살이 누그러들면 더는
미련을 가지지 않고 제 할 일을
다한 듯 빨간 옷을 갈아입는다.

수박의 시간

같은 시긴대에 살면서 무엇을 어떻게 하느냐에 따라 그 결과는 엄청 다르다. 수박만큼 시간을 귀하게 쓰는 생명도 드물지 싶다.

수박의 일생, 그 삶을 더듬는다. 조경수 키우는 시흥 밭 한쪽에 퇴비를 흙에 섞는다. 그런 다음 수박씨를 뿌리고 바닥덮기를 한다. 10여 일이 지난 4월 20일께 싹이 고개를 든다. 5월 초에 10여 개의 줄기를 뻗는다. 30~40cm쯤 자랐을 때 줄기 고르기를 하고, 필요 없는 순을 따주니 잘 자란다. 5월 중순부터 꽃이 피어 열매를 맺는다. 날로 크기를 더하여 복날을 전후해 수박을 수확한다.

축구공만 한 수박 한 통을 쪼개니 속이 빨갛게 익고 군데군데에 까만 씨앗을 아기인 양 품고 있다. 그런 수박 20여 덩이를 여름내 따가며 이웃과 나눠 먹으며. 무더위를 식힌다. "손수 키운 수박"이라며 이웃에 건네주니 답례가 온다. 참외, 귀한 멜론 등을 받아먹으니 이웃 간의 정이 돈독해진다. '진작 너른 밭에 참외나 수박을 심을 일이지!'

하고 후회도 한다. 그 짧은 기간에 어떻게 이토록 큰 수박이 열려 나를 기쁘게 해줄까? 그 성과成果가 부럽다.

'수박의 일각은 여삼추如三秋'란 생각이 든다. 콩보다 작은 그 씨앗이 생명의 탯줄을 뻗어 석 달 만에 5~6kg의 열매를 키웠으니. 그 짧은 기간에 두 손으로 받쳐 들어야만 할 탐스러운 수박 덩이를 안겨줬으니. 그 가는 줄기에 이토록 굵은 열매를 고작 백여 일 만에 이루었으니, 이만한 성과품成果品이 또 있겠는가. 내가 뿌린 씨앗이 이처럼 큰 선물을 만들어주다니 놀라운 일이다.

석 달이면 한 철이다. 그 기간에 싹 올려 줄기 뻗고, 꽃피워 열매 맺고, 굵은 열매에 단물이 가득 밴 속을 빨갛게 익혔을 뿐 아니라 500개가 넘는 후손의 씨앗을 만들었으니 봄 여름내, 아니 밤낮으로 쉴 틈이 있었겠는가.

스스로 키워보니 알겠다. 수박의 놀라운 성취를. 석 달이란 한정된 시간에 다디단 속살을 가득 채우고, 500개가 넘는 씨앗을 만든 수박의 노고勞苦를…. 복날을 전후해 인간의 땀을 식혀주고자 하는 투철한 사명감이, 스스로 만든 씨앗을 온누리에 퍼뜨리고자 하는 강한 의지가 없었던들 이루지 못할 결실이요, 성과다.

나는 지난 석 달 동안 무엇을 했는가. 아니 80여 년, 1,020여 달을 살면서 수박이 성취한 그 어느 것 하나 이룬 게 없으니. '수박의 시간은 금쪽같다.'란 생각이다. 수박은 그토록 시간을 귀하게 쓴다. 본받을 일이지 싶다. 수박의 몇만분의 1이라도.

인터넷에 물어볼 일이다

인터넷 세상이 편리한 줄은 진작 알고 컴퓨터 화면과 더불어 살지만, 요즘 내 '삶의 걸음'보다 빠른 속도로 인터넷 문화가 진전하고 있음을 새삼 느낀다.

'찍' 하며 컴퓨터에서 메시지 도착음到着音이 울린다. 서울대 병원으로부터 온 인터넷 알림이다.

"내일 진료 오실 때 복용 중인 약이 있는 경우, 해당 약의 처방전을 반드시 지참하시기 바랍니다."라는 메시지다. 아하! 하며 당황한다. 3주 전에 성모병원에서 받은, 심장병 처방전은 약국에서 3개월분 약을 타고, 시흥 농장의 내 서재에 뒀기 때문이다.

오늘은 그 처방전을 가지러 농장에 갈 시간이 없다. 미국에서 온 손님을 안내할 일이 있어서다. 걱정하다가 집에서 가까운 성모병원 약국에 들러 물어본다. 방문 목적을 얘기하니 간호사가 알았다며 컴퓨터에서 '본인 보관용-재출력'이라고 표기된 원외 처방전을 쭉 뽑아

준다. '이렇게 편리한 세상이구나!' 처방전을 가지러 왕복 네댓 시간이 걸리는 농장에 갔다 오지 않아도 되니. 인터넷 데이터의 존재를, 그 효과를 실감한다.

그다음 날, 서울대 병원에 들러 통풍 진료를 마치고 농장에 들른다. 조경수를 키우는 밭(1,028평)이 그린벨트로 묶여 있어 '개발 제한이 언제 풀릴지' 기다리는 터라, 거의 6개월마다 시청에 들러 그동안 '토지 용도 변경사항'이 입력된 '토지 이용계획'을 떼어 본다.

그 서류 도면에 전에 없던 문구가 보인다. '도시지역 개발제한구역'이다. 전에는 '개발제한구역 자연녹지지역'이었다. '도시지역'이란 새 문구에 '희망의 꽃'이 핀다. 지적과地籍課 직원에게 그 문구의 의미를 문의하니 도시정책과에 가서 알아보라고 일러준다.

가벼운 걸음으로 도시정책과에 들러 문의한다. 담당 직원이 "크게 보면 시흥시 전체가 도시지역입니다. 법령상 분류 명칭만 변경됐지 실제로 '개발제한구역'이므로 달라진 내용은 없다"는 얘기다. 그러면서 알려준다. 토지에 대한 모든 정보는 실시간으로 지번地番에 입력되므로 집에서 수시로 열어볼 수 있다는 것이다. 교통비와 발급 인지대(1,000원)를 지불하면서 '토지 이용계획' 서류를 떼어보지 않아도 된다고 한다.

여태껏 그것을 모르고 6개월마다 '토지 이용계획'만 떼어 봤으니. '넷맹(인터넷 장님)이 아닌가. 누구나 집에서 인터넷(http://luris.molit.go.kr)에 들어가 검색해 볼 수 있단다. 괜히 한나절을 헛수고한 셈이다. 아니, 오늘만의 한나절이 아니다. 지난 여러 날의 한나절이다.

때 되면 태풍이 몰려오듯이 '넷맹 노릇'도 연이어서 하게 되는가? 올해 토지분 재산세 고지서를 받은 지 며칠이 지났는데도, 외국에 사는 딸애 명의의 아파트 재산세 고지서를 받지 못하여 영등포구청에 전화한다. 담당 직원이 "수신인 부재로 반송됐습니다."라고 한다. 그 고지서를 찾으러 구청에 들르니 그 직원이 말해준다.

"재산세 고지서는 구청까지 오시지 않아도 된다"라는 거다. 가까운 동회에서 재발급 받을 수 있다고 알려준다. 아차, 또 '넷맹 노릇'했구나! 버스비 들여가면서, 시간 낭비하면서. 나는 스스로 '인터넷 세대'라고 자부해 왔는데, 이건 '인터넷 장님'이 아닌가.

'요 며칠 동안 헛수고를 거듭했구나!' 서울대 병원에 가져갈 처방전은 인터넷 덕분에 가까운 성모병원에 직접 들러 재발급받았지만, '토지 이용계획'을 발급받으러 시흥시청에 찾아갔고, 재산세 고지서를 가지러 영등포구청에 들렀으니. 집에서 컴퓨터 열어 인터넷에 물어보면 될 것을 괜히 돌아다녔다. 시간·교통비·인지대를 낭비해 가면서.

'인터넷 세대'란 어설픈 자만에서 벗어나야겠다. 모르는 건 무엇이든 똑똑한 인터넷에 물어볼 일이다. 가속하는 인터넷 속도에 뒤처지지 않게 눈 뜨고 살아야겠다.

아, 임진강아
-통일전망대에서

눈부시게 쾌청한 가을날이다. 푸른 하늘엔 뭉게구름이 서성인다. 마치 어느 방향으로 가야 할지, 마냥 머뭇대는 우리의 갈 길같이.

여강시가회麗江詩歌會 회원 십여 명이 임진강을 둘러보고 오두산烏頭山(118m) 통일전망대에 선다. 깎아지른 듯한 산 밑에 임진강이 흐른다. 그 발원지는 함경남도 마식령馬息嶺이란다. 아마도 저 물은 한강을 만나고자 남으로 내려오지 싶다. 바리케이드나 철책에도 걸리지 않고 유유히 흐른다.

그 강 너머로 북한 땅이 손에 잡힐 듯하다. 저만치 개성 송악산松嶽山(488m)이 아늘거리고 강 건너 언덕바지엔 막사幕舍 같은 집이 띄엄띄엄 서 있다. 강물 너머 널따란 갯벌에는 수많은 새가 먹이를 줍는다. 강물은 뜬구름의 그늘을 싣고 한강으로 흘러든다. 평화롭고 자유로운 강이다.

그 강이 사람만 가로막고 있다. 강변에 철책을 두르고 남북으로 오가는 배 한 척도 띄우지 않는다. 이산가족들은 얼마나 이 강을 건너고 싶을까? 부모·형제, 그 후손들을 남북으로 갈라놓고, 너는 왜 말없이 남으로만 흐르는가. 이산離散의 그 아픔을 모르는 체하고 있는가. 임진강아.

이산가족만이 아니다. 나 또한 건너고 싶은 강이다. 가 보고 싶은 우리의 북한이다. 내 어릴 적만 해도 한 나라 한 땅이다. 기차 타면 갈 수 있었고 철 따라 구경 다녔던 우리의 영토다. 선대가 남긴 문화유산이 곳곳에 있다.

유네스코가 세계문화유산으로 올린 것만 봐도, 평양에 있는 고구려 시조인 동명왕릉東明王陵을 비롯하여 개성의 만월대滿月臺, 선죽교善竹橋, 고려 태조 왕건왕릉王建王陵 등등이 있지 않은가. 역사에서 배운 우리 민족의 발자취를 어찌 밟아보고 싶지 않겠는가.

그리움이 물결처럼 출렁인다. 저 새들도 경계 없이 넘나들고, 메기도 뱀장어도 강물 따라 오간다. 작디작은 새우들도 수온 따라 남으로 북으로 거침없이 넘나드는데 왜 하필 우리만 건너지 못하게 하는가. 임진강아.

분단의 뼈 아픔을 새삼 느낀다. 같은 민족, 같은 언어, 같은 조상을 모시고 사는 한 핏줄인데 그 누가 38선을 그었는가. 어언 6·25전쟁 난 지 69년, 휴전된 지 66년이 흘렀건만, 아직도 대치의 나날이다. 무슨 명분으로 누구 가슴에 총부리를 겨누고, 미사일을 쏘아대야 하는지 안타깝기만 하다. 흐르는 뭉게구름도 머뭇대며 의아해하는 듯하다.

우리는 어느 날에나 두만강도 둘러보고, 백두산도 올라보고, 평양 냉면도 맛보며 금강산을 구경할 수 있을까? 살아생전 그날이 어서 왔으면, 하루빨리 물길이 트였으면….

임진강아, 너는 왜 말없이 한강 품에 안기면서 우리에게만 길을 막고 있는가. 내가 우리가 더 늙기 전에 황포돛배 타고 건널 수 있게 해다오. 선대의 영전도 찾아보고, 금강산도 구경하고 싶구나. 아, 임진강아.

졸작 <임진강> 시를 읊으며 한강에서 당신 따라 춤추고 싶다.

> 마식령 낳은 물을 품 안에 고이 안고
> 뭇 생명 젖 먹이며 가슴이 울렁출렁
> 한수漢水에 몸을 섞어서 어화둥둥 춤춘다.

이언적, 그의 삶과 학문

<독락당의 보물, 서울 나들이> 전시장에 들어선다. 국립중앙도서관 본관 1층 전시관이다.

국립중앙도서관이 우리나라 고문헌에 대한 체계적 관리 및 활용의 일환으로 지난 3년 동안 여주이씨 독락당獨樂堂* 어서각御書閣에 소장한 고문헌 발굴사업을 수행한 결과물의 전시다. 어서각에는 고문헌 3,000여 종을 소장하고 있으며, 그중 119종이 국가지정문화재 보물로 지정돼 보호하고 있다.

이 고문헌들은 역사의 보물이다. 7년의 임진왜란, 35년의 일제강점기, 3년의 한국전쟁 등 역사의 깊은 시련을 이겨내고 선조先祖의 고사古事와 고문서를 가문의 보물로 여기며 500여 년 온전히 지켜온 것이다.

독락당의 주인은 회재 이언적晦齋 李彦迪(1491~1553)이었다. 그는 이곳 옥산玉山에서 8km 떨어진 안강安康의 선비 마을 양동陽洞에서 태어났다. 24세 때 문과에 급제하였다. 사림파士林派 시험관 김안국金安國은 이언적의 답안지를 보고 '임금을 도울 재목'이라며 감탄하였다고 한다. 그 때문인지 그의 벼슬길은 순탄하였다. 이조정랑吏曹正郎, 사헌부 장령司憲府掌令, 밀양 부사密陽府使를 거쳐 1530년 사간司諫이 되었다.

직위가 올라갈수록 흔들리기 마련인가. 1532년 중종 임금의 사돈 김안로金安老의 등용을 반대하다가 스스로 관직에서 물러나 낙향하였다. 어린 나이(10세)에 아버지를 여윈 때문인지 그는 태어난 양동마을로 돌아가지 않았다. 이곳 자옥산紫玉山 자락 외딴곳에 독락당을 지었다. 예로부터 '홀로 즐김은 같이 즐기는 것만 못하다.'라고 했지만, 이언적은 홀로 즐긴다는 당호를 달았다. 조정에서 물러난 그의 우울한 심사가 엿보인다.

고위 관직의 모든 연을 끊고 혈혈단신으로 낙향하는 건 그리 쉬운 일이 아니다. 나의 고향은 독락당과 산 하나 사이에 있다. 하지만 공직에서 물러난 지 20여 년이 지났건만 아직도 그런 용단을 내리지 못하고 산다. 그래선지 이언적의 결단이 존경스럽다. 자연과 더불어 사는, 오직 어머니를 모시고 학문에 정진하는.

독락당 앞면엔 시원스러운 냇물이 흐른다. 그 냇가 울퉁불퉁한 자연석 위에 기둥을 세우고, 툇마루를 계천 쪽으로 내어놓은 구조였다. 영남嶺南 정자의 전형이었다. 그 독락당의 별당인 계정溪亭 주위엔 키 큰 느티나무 · 은행나무 · 이팝나무 · 쥐엄나무가 우거져 있다.

이언적은 이 계정에서 산과 나무와 자계천紫溪川에 흐르는 물을 벗 삼아 시를 지으며 성리학性理學 연구에 전념하였다. 글을 쓰다가 무료해지면 누각에 올라 계곡의 물소리를 들으며 머리를 식혔다. 그는 이

곳의 자연경관을 소재로 많은 시를 지었다. 청산곡靑山曲이란 시에서 당시 그의 마음을 읽을 수 있다.

자옥산 깊은 곳에 초려草廬 한 칸 지어두고
반 칸은 청풍 주고 반 칸은 명월 주니
청산은 들일 데 없어 둘러두고 보리라.

그런 생활 6년 만에 조정의 부름을 받는다. 1537년 김안로 일당이 몰락한 뒤 그는 홍문관교리弘文館校理에 이어 직제학直提學이 되었다. 그 후 전주 부윤府尹으로 나가 선정을 베풀며 조정에 <일강십목소一綱十目疏*>를 올려 정치의 도리를 깨우쳤다. 그런 덕이었는지 1540년엔 이조 · 예조 · 병조판서를 거쳐 1545년에 백관을 통솔하는 좌찬성左贊成이 되었다. 그러나 그 직에서도 오래가지 못했다.

그 이듬해 윤원형尹元衡 등의 척신戚臣 세력이 사람을 추출하기 위한 을사사화乙巳士禍를 일으켰다. 그때 이언적은 죄인을 심문하는 추관秋官이었으나 자신도 그 사슬에 묶였다. 1547년 윤원형 일당이 조작한 양재역벽서良才驛壁書 사건에 무고하게 연루되어 평안도의 첩첩산중 강계江界에 유배되었다.

그러고는 끝내 돌아오지 못한 채 63세의 나이로 유배지에서 생을 마쳤다. 1553년 11월 23일이었다. 눈과 얼음으로 뒤덮인 북변北邊의 살을 에는 추위와 슬픔 속에 그의 시신은 서자이지만 유일한 친자인 이전인李全仁이 운구하였다. 강계에서 장지인 포항시 영일迎日까지 석

달에 걸쳐 운구하던 굵은 대나무 장대가 옥산서원玉山書院*에 보관돼 있다. 엄동설한에 발이 푹푹 빠지는 눈길의 고개와 산을 넘으며 '어이 어이 어허허~'하던 상주의 곡소리가 지금도 들려오는 듯하다.

그는 관직에 있던 기간 외에는 독락당과 유배지에 살았다. 김안로의 등용을 반대하다가 낙향해 지내던 6년과 강계로 유배된 7년간의 세월은 고독한 삶이었다. 사화士禍의 소용돌이 속에서 외로움을 곱씹으며 학문의 깊이를 더한 귀한 시간이기도 하였다.

회재는 독락당과 강계에 머무는 동안 평생 닦아온 학문을 자필로 써서 책으로 묶었다. 그의 큰 업적이다. ≪대학大學≫과 ≪중용中庸≫을 '수기치인修己治人'의 이론으로 체계화한 <대학장구보유大學章句補遺*>, <속대학혹문續大學或問*>, <중용구경연의中庸九經衍義*>, <진수팔규進修八規*>, <봉선잡의奉先雜儀*> 등이 보물로 지정돼 어서각에 소장하고 있다. 그런 가치를 인정받아 2010년 유네스코 세계문화유산으로 등록됐다.

또한, 1392년 조선 왕조의 건국 이래 국가 사회의 지도이념이었던 주자학朱子學을 한국적 철학으로 이론의 심화를 이룬, 그 주역이 이언적이었다. 동방오현東邦五賢의 한 사람이며 16세기 사림파의 대표적인 인물로 지치주의至治主義의 이론적 체계를 확립한 최초의 학자였다.

돌아가신 지 13년, 1572년 (선조 2년)에 이언적의 덕행과 학문을 추모하고자 당시 경주 부윤이었던 이재민李齋民과 영남학파의 선비들이 독락당 아래에 옥산서원을 세웠다. 조선 후기까지 영남 사림士林의 중심 역할을 했던 곳이다. 3,500평의 대지에 회재의 위패를 봉안한 체인묘體仁廟, 학문 토론장인 구인당求仁堂, 유생들의 휴식장인 무변루無邊樓, 임금이 하사한 서책을 보관한 어서각御書閣 등의 유적이 남았다.

이 옥산서원은 대원군의 서원 철폐령이 내렸을 때도 헐리지 않은 47개 서원 중 하나였으며, 우리나라 5대 서원 가운데 하나로 꼽히는 사액賜額 서원이다. 곳곳에 당대 명필의 글씨가 보인다. '玉山書院' 현판은 추사 김정희, 유생들의 강당인 '求仁堂'과 휴식장인 '無邊樓'는 한석봉韓錫峯, 자계천의 너럭바위 '洗心臺'는 퇴계 이황李滉의 글씨다.

이렇듯 유학자의 관심이 쏠렸던 데는 회재의 <구인록求仁錄>도 한몫을 했다. '마음의 덕과 지식의 근본을 구한다.'라는 의미의 <구인록>은 유교경전儒教經典의 핵심개념으로 인仁에 대한 그의 이론을 4권의 책에 집약하였다. 이 책에서 그는 유교의 여러 경전과 송대宋代 도학자들의 설을 살피면서 '인'의 본체와 실현 방법에 대한 유학의 근본정신을 탐구하였다.

이와 같은 그의 학문은 이황에 의해 집대성되어 영남학嶺南學을 이루는 근거가 되었다. 유학적 수양론과 실천은 군자의 길을 닦는 것이라고 강조하여, 조선 성리학의 우뚝 솟은 봉우리였다. 이러한 공적이 추인되어 그는 선조 때 영의정에 추증돼 1610년에 성균관의 문묘文廟에 배향되었다.

독락당 18세손 이해철 강사의 설명을 들으며 이언적의 삶과 학문의 유적遺跡을 돌아봤다. 관직에서 물러나 독락당에서 6년, 강계에 유배돼 7년, 그 13년 동안이 관직을 떠난 삶이었다. 일반 관리나 학자들과 달리 스스로 고독한 생활을 했다. 파벌이나 학벌, 계파 등과의 모든 관계를 끊었을 뿐 아니라 한 사람의 제자도 두지 않은 올곧은 학자였다. 국가와 백성을 위하는 공직자의 모범을 보여줬다.

오직 독락당에서 물소리, 새 소리에 마음을 씻으며 자연을 벗 삼아 학문에만 전념하였다. 그리하였기에 짧은 기간에 많은 '학문의 유산'을 남길 수 있었다.

대학자의 삶에 비견하기엔 모순될지 모르지만, 나의 삶은 다르다. 걸어온 도정道程의 끈에 핏줄처럼 엉켜 산다. 그 올가미의 틀을 벗어나지 못하고 뻗은 가지에 좌충우돌하면서 무엇 하나에 집중하지 못한다.

훌훌 털고 고독을 독락獨樂할 줄 모른다. 늦었지만 지금부터라도 이언적 선현先賢을 거울삼아 엉기고 성긴 가지를 전지해 가야겠다. 마음의 독락당에 앉아 고독을 밥 먹듯 씹어봐야겠다. 누가 알겠는가. 괜찮은 글 한 편이라도 남길 수 있을지.

*독락당獨樂堂: 경주시 안강읍 옥산리에 있는 목조 건물. 조선 중기의 문신 이언적이 벼슬을 버리고 초야草野에 묻혀 거처하던 곳. 보물 제413호

*일강십목소一綱十目疏: 임금의 마음을 바르고, 집안의 다스림을 엄하게 하고, 세자를 교양하고, 조정을 바르고, 사람을 쓰고 버리는 것을 삼가고, 언로를 연다는 것을 서술한 상소.

*옥산서원玉山書院: 경주시 안강읍 옥산리에 있는 서원. 조선 중기 성리학자 이언적을 제향하는 사액 서원. 사적 제154호

*대학장구보유大學章句補遺: 조선 전기의 문신·학자 이언적이 송나라의 주희朱熹

가 지은 「대학장구大學章句」에 미비하다고 생각하는 부분을 보충한 경학經學 연구서.

*속대학혹문續大學或問: 송나라 주희의 「대학혹문大學或問」 체재에 따라 「대학장구」와 차서次序 및 해석을 다르게 한 이유를 6개조의 문답식으로 밝혀준 「대학」 연구서.

*중용구경연의中庸九經衍義: 조선 전기의 학자 이언적이 「중용中庸」 제20장의 '구경'에 대하여 주석한 책. 임금에게 올린 글이며 총 29권 10책이다.

*진수팔규進修八規: 국왕이 학문에 힘쓰게 하려고 8개 항의 수학요의修學要義를 진언한 글.

*봉선잡의奉先雜儀: 제례祭禮에 관한 의식과 그 철학적 이론을 한 권으로 묶은 조선 예학禮學의 선구적인 책.

전지와 회초리

팔당호에 물비늘이 찰랑인다.

한여름이지만 강바람이 시원하다. 친구 별장에 차가 멎는다. 정문 앞 주목 두 그루가 반긴다. 수문장처럼 양쪽에 서서 시선을 붙든다. 내 키 높이다. 달걀을 세워놓은 듯한 모양새다. 겉모습이 매끈하고 곱다. 그 자리에 한참 서서 그의 삶을 생각한다.

수없이 전지剪枝했을 것이다. 저 정도로 다듬어지려면 거의 매일 생살이 잘렸을 테니…. 그 아픔과 쓰라림이 오죽 했을까. '다듬음'은 '아픔'일까?

어릴 적 생각이 난다. 바르게 자라기를 바라면서 매를 들던 할아버지의 회초리를 때때로 맞고 자랐지만, 저 주목만치 살결이 잘리는 쓰라림을, 뼈아픔을 겪지는 않았다. 그래서 이런 모습으로, 남의 시선을 끌지 못하는 존재로 근근이 살아가지 싶다. 저 주목처럼 거의 매일 전지하는 고통을 겪지는 않았으니까.

'무릇 아픔 뒤에 꽃길이 열린다'라고 하더니 저 주목이 그렇다. 꽃에 못지않게 아름답다. 벌초한 잔디처럼 가지런하다. 아픔을 겪은 '미美'다. 다가가 만져보고 싶은 살결이다.

전지하지 않았다면, 저 정도의 '성成'과 '미美'를 가지지 못했을 주목이다. 나 또한 할아버지 · 아버지의 회초리를 맞지 않았다면, 어머니와 스승의 꾸짖음이 없었다면, 지금 이 정도의 내 모습이나마 보존해 왔을까? 어쩌면 겉모습이 울록불록 상처 나고 내면의 마음 씀씀이도 더 좁고 쩨쩨했을지 모른다. '회초리'로, '꾸짖음'으로 나의 행동거지를 바로잡아준, 전지해준 덕이다.

'전지와 회초리'도 한때다. 성장기다. 이제 빗나가는 나의 행동을 회초리로 매질해줄 사람도 없는 나이다. 이따금 바람처럼 이는 자잘한 욕망을, 뻗는 곁가지를 내 손으로 가위질해야겠다. 행동도 바르게, 일상의 삶도 모나지 않게. 모범까지는 아니라도 롤모델은 돼줘야 하지 않겠나. 애들이 정도를 벗어난 행동을 스스로 전지해 갈 수 있도록.

인생길, 물길 같아야

물길과 인생길은 닮은 데가 있다.

늦가을이다. 때가 되어 밭에 들른다. 김장 무를 뽑는데 졸졸 소리가 들린다. 밭둑에 서서 개울물을 내려다본다. 촐랑촐랑 출렁인다. 햇살을 품에 안고 구슬처럼 구른다. 아래로, 제 눈높이보다 낮은 데로. 바위나 산을 허무는 무서운 힘을 가진 물이지만, 겸손하고 유연하게 흐른다.

노자老子는 "상선약수上善若水"라고 일렀다. "세상에서 으뜸가는 선善의 표본이며, 인생을 살아가는 데 최상의 방법은 물처럼 사는 것"이라고. 물은 아마도 낮은 데로 흐르면 바다가 있다는 걸 진즉 안 것 같다. 어제도 오늘도 그렇게 흐르며 사니.

물은 흐르면서 상황에 적응한다. 네모진 곳에 닿으면 네모진 모양이 되고, 세모진 데에 이르면 세모진 모습이 된다. 이처럼 물은 어느 상황, 어느 환경에서도 제 본질을 변치 않으면서 주위에 순응하며 한 몸이 된다.

그러니 나와는 다르다. 가다가 내 그릇이 아니면 그곳을 피한다. 고운 꽃밭이면 거기에 머물다가 더 편하고 화려한 화원을 찾는다. 이기적인 여정旅程이지 싶다.

또한, 물은 뒤를 돌아보지 않는다. 거스르지 않는다. 하지만, 언제나 옆으로 신경을 쓴다. 수평을, 평등을 생명처럼 여긴다. 자기보다 낮거나, 목말라하는 데가 있으면 제 살을 떼어준다. 대가 없이 갈증을 해소해 준다. 땅 밑으로 뿌리를 내린 수목이 그렇고 땅 위로 기고 나는 짐승에게도 그렇다.

공존한다. 가는 길목마다 흘러드는 물을 품으며 어깨동무한다. 작은 힘을 큰 힘으로 뭉친다. 이웃을 살려가며 더불어 흐른다. 나는 그런가? 흐르는 물을 보며 뉘우친다.

물은 가다가 걸림돌이나 언덕이 길을 막으면 그것을 탓하지 않고 멎는다. 뒤따라오는 물로 제 키를 키운다. 막힘을 극복하고자 하는 채움이다. 언덕 높이로 물이 찰 때까지 기다린다. 더러는 걸림돌을 돌아가기도 한다. 인생길에도 바위와 산이, 가시덩굴이 어디 한두 군데인가. 가다가 지치거나 길이 막히면 기운이 회복되고 막힌 길이 트일 때까지 기다려볼 일이다. 물처럼.

그뿐인가. 물은 흐르며 남을 씻어준다. 가다가 침침한 흐린 물이 있으면 그 물을 감싸 안고 빙빙 돌면서 제 몸처럼 맑게 해준다. 먼지나 때 묻은 풀잎도 흔들어 씻어주며 흘러간다. 헌신도 천성인가.

그러고 보니 물은 흐르면서, 살아가면서 좋은 일을 참 많이 한다. 그런 '베풂의 덕'일까? 좁디좁은 바위틈에서 태어난 그 작은 생명이 중간중간 세를 늘려 끝없이 넓고 풍성한 바다나라로 진군해 산다. 출세한 삶이다. 부럽다.

우리네 인생길도 '물길 같아야' 하지 않을까?

조경수를 키우는 즐거움

내가 키운 조경수가 여러 사람에게 즐거움을 준다.

퇴직 후 시흥 밭에 왕벚나무(750그루)와 주목(600그루)을 심는다. 서울 양재 묘목 시장에서 산 두어 뼘 자란 애기 나무다. 휑하던 밭에 1,350그루의 나무가 들어서니 갑자기 부자가 된 기분이다. 밭고랑에 서면 내 눈치를 보는 듯하다.

'물을 좀 줬으면', '거름을 뿌려 주지 않을까', '여린 잎을 파먹는 벌레를 잡아줬으면' 하는 듯하다. 지하수를 길어다 아침마다 뿌려 주고, 때때로 거름도 주고, 살충제를 뿌리곤 한다. 어디 그것뿐인가. 잡초가 나면 뽑아 주고 줄기에 촘촘히 순이 돋우면 따주고, 가지도 쳐주고…. 이처럼 생명을 키운다는 건 늘 신경을 쓰는 일이지 싶다.

두어 해 그렇게 보살피니 벚나무가 화답한다. 꽃피운다. 4월 중순쯤이면 기다렸다는 듯이 우르르 꽃잎을 연다. 너른 밭이 온통 꽃이다. 장관이다. 나만 기쁜 게 아니다. 마을 사람들이 가족과 더불어 찾아와 사진을 찍으며 웃음꽃을 피운다.

봄맞이하는 밭이다. 해마다 벚꽃이 필 때면 사람이 몰려든다. 월미 마을 사람들만이 아니라 이웃 마을 사람들도 꽃구경하러 찾아오곤 한다. 외지 사람들도 차를 멈추고 "아~ 벚꽃 참 예쁘다"라며 즐거워한다. 덩달아 나도 즐거워진다.

그런 기쁨을 준 지 4년이 되니 어느덧 벚나무도 성목成木이 되었다. 내 키보다 높이 자랐으니 벚나무도 이제 짝이 그리운가 보다. 허리둘레 20cm, 키 높이 2.5m가 시집갈 적령기란다. 선보이고자 반듯하게 잘 자란 벚나무를 사진 찍어 인터넷 '나무 시장'에 올린다. 선보인 지 사흘 만에 전화를 받는다. 그동안 밭에 들러, 나무를 봤다는 조경사다. 우선 100주를 사겠다고 하여 주당 5만 원에 합의한다.

벚나무를 캐가는 날이다. 일꾼들이 나무뿌리 부근 30cm 주위를 둥글게 판다. 뿌리에 달라붙은 흙과 함께 마대에 싼 다음 고무줄로 묶는다. 삽질할 때 잘린 막뿌리의 하얀 살결을 보니 가슴이 아리다. '얼마나 아팠을까!' 군데군데가 마치 방공호같이 패였다. 저무는 햇살이 구덩이 속, 잘린 뿌리에 비친다. 내 마음에도 구덩이가 팬 듯 공허하다.

그때다 벚나무 실은 세 대의 트럭이 시동을 건다. '부르릉' 떠나가는 트럭 짐칸에 뒤로 드러누운 벚나무 가지가 출렁인다. 나는 두 손을 흔들며 인사한다. '어서 가서 잘 살아다오, 가는 그곳에서 마음 들어 했으면, 그랬으면 좋겠다.'

그 이듬해 4월이다. 시집간 벚나무가 뿌리 내려 잘사는지, 꽃은 피웠는지 궁금하다. 빨리 가 보고 싶다. 시가媤家인 서울 압구정동 M

아파트를 찾는다. 관리인이 안내하는 벚나무 앞에 선다.

한강이 굽어 보이는 담 밑 화단에 두 줄로 나란히 서 있다. 둥글게 잘 깎은 세 개의 버팀목에 의지한 벚나무들이 나를 반겨주듯 가지를 흔든다. 다가가 잡아준다. 나보다 전문가인 조경사의 관리를 받고 있으니 다행이다. 2년 전 태풍이 휘몰아칠 때도 버팀목 하나 세워주지 못했는데….

활짝 핀 벚나무 앞에 아파트 주민들이 아이들을 데리고 나와 벚꽃을 배경으로 사진을 찍으며 즐거워한다. 웃음 띤 얼굴에 날아다니는 꿀벌들을 바라보며 모두가 기뻐한다. 덩달아 나도 즐겁다.

그로부터 3년이 흘렀다. 주목도 내 키 높이로 자란 어느 날 마을 주민 K 씨가 찾아와 주목 두 그루를 사 가겠단다. 그러면서 내게 건네는 돈 봉투가 의아함을 자아낸다. 마을 C 교회 봉투에 K 집사 이름이 적혀있다. '아~, 그 주목이 교회로 가는가!'

그 이튿날 농장에 오면서 교회에 들르니 예배당 출입구 양옆에 그 주목이 수문장처럼 서 있다. 여러 교인이 드나드는 입구에 다소곳이 서서 나를 반긴다. 앞으로 오랫동안 교인들의 사랑을 받을 걸 생각하니 그저 흐뭇하다. 보람되고 즐겁다.

왕벚나무와 주목 키우기를 잘한 것 같다. 강남 M 아파트에 사는 여러 사람의 봄맞이꽃으로, 이곳 시흥 교회에 드나드는 사람들을 맞이하는 '푸른 꿈'으로 영생으로 제 몫을 다하고 있다.

내가 이 나이에 무엇을 하여 여러 사람에게 '즐거움'을 줄 수 있을까? 조경수나 열심히 키워가야겠다.

낡은 바지, 그 헐렁하고 덤덤한

입을 옷이 마땅찮을 때 손이 가는 바지 하나가 있다.

그 옷은 내가 뉴올리언스무역관 근무 때 집에서 막 입으려고 산, 모 60%, 견 40%의 체크무늬 바지다. 뒷주머니에 'PGA' 마크가 표시된 쇠 단추가 달려 있고, 앞부분 허리띠 고리에도 사각형의 쇠붙이 라벨이 달린 걸 보면 골프바지이지 싶다.

미국프로골프인협회PGA의 라벨을 앞뒤로 달고 있으니 자신만만하게 만든 옷이란 느낌이 든다. 1979년 백화점 세일에서 샀으니 어느덧 40년간 나와 같이 살아온 정든 허드레옷이다. 파란 잔디를 밟는 골퍼가 입어야 할 바지를 내기 힘부로 내하는 것 같아, 늘 미안한 생각이다. 가까운 바깥나들이나 집안의 작업복으로 입으니.

마을 슈퍼에 쇼핑하러 갈 때, 비가 추적추적 내리는 날 동네 다방에 친구를 만나러 나갈 때, 자투리 시간에 가까운 공원이나 마을 주위를 한 바퀴 돌 때, 집에서 청소하거나 거실에서 티브이를 볼 때….

그 바지를 옷장에서 꺼내 입는다. 품도 헐렁하고 바짓가랑이도 넓어, 때 지난 패션이지만 그 바지를 입으면 마음이 편안하다. 그도 그럴 것이 갑자기 내리는 가랑비를 맞아도, 옷에 구김이 좀 생겨도 그리 신경 쓰이지 않는다. 공원을 산책할 때 먼지 묻은 나무 의자에 앉아도 거리낌이 없다. 집에 돌아와 그 먼지를 툴툴 털고 그냥 옷걸이에 걸어도 아무런 불평 없이 다음 기회를 기다려주는 듯하다.

은근히 외출을 바라는 바지다. 왜 그렇지 않겠는가. 허구한 날 캄캄한 옷장에 갇혀 산다. 습기에 얼룩이 지고 곰팡이가 피기도 할 텐데…. 때때로 바깥바람을 쐬고, 내 체온도 올 올에 품을 수 있었기에 오랜 세월 동안 제 체모를 지켜오지 싶다.

그러니 상생相生이다. 이국에서 우연히 만났지만, 하나의 인연이다. 내가 그를 애용하는 건 때가 타지 않고 보드라운 질감이 마음에 들어서이다. 단색이 아니고 파랑, 노랑, 갈색의 실이 가로세로로 짜여 싫증이 나지 않는다. 유행이나 디자인과 상관없는 덤덤함이 이 바지를 40년이나 즐겨 입게 한 이유이다. 바지통이 몸에 딱 붙는 요즘의 패션 물결에도 불구하고 시간을 역주행하는 통 큰 넉넉함이다.

그 '헐렁하고 덤덤함'이, 바지뿐이겠는가. 어디 그런 이가 없을까? 이 바지같이 마음이 여유롭고 덤덤한 사람. 심심할 때 약속 없이 찾아가도 환한 웃음으로 반겨주는 사람, 만나면 그저 마음이 편안하고, 까다롭지 않아 허물없이 대화할 수 있는 헐렁한 사람.

상대만이 아니다. 나 또한, 이 '낡은 바지' 같은 늙은이로 살았으면 좋겠다. 그 헐렁하고 덤덤한.

삿포로, 그 눈 눈 눈

인천발 비행기가 두 시간 반을 날아 신치토세新千歲 공항 상공에 이른다. 기체의 고도를 낮춰 몇 차례 선회하던 항공기는 오호츠크Okhotsk 해풍에 흔들리며 미끄러지듯 내려앉는다. 바깥은 온통 눈이다.

설레며 입국 절차를 마친다. '그 눈을 어서 밟아봐야지.' 서울에선 기다려도 오지 않던 눈이다. 지난 12월 7일 대설에도, 그로부터 두 주가 지난 오늘(12. 24.)까지도 눈 한 송이 구경할 수 없었다. 지구온난화에 따른 이상기온 때문인지 절기마저 잘 지켜지지 않는다. 누구를 탓하랴. 우리네 인간이 자초한 일인 것을.

'드르륵' 입국장 문이 열린다. 마중 나온 딸애가 달려와 가슴에 안긴다. 1년 만의 만남이다. 도쿄에서 직장 다니는 그 애가 주선한 일정이다. "엄마는 숙소에서 기다리고 있습니다."라며 역으로 걸어간다.

차창 밖은 눈이 부시는 설원이지만, 열차 안으로 스며드는 햇살은 따사롭다. 그 빛은 설레던 가슴을 녹여준다. 그간의 일상을 얘기하면서 설국의 열차는 삿포로역札幌驛에 닿는다.

정오 12시 30분, 택시를 타고 숙소인 'La Tour Sapporo ITO Garden'에 내리니 "쪼르륵" 소리가 난다. 100년도 더 된 듯한 은행나무 줄기를 타고 내린 청설모 한 마리가 나를 쳐다본다. 반겨주는 환영일까. 아니면 눈이 와서 배가 고프니 먹을거리를 달라는 행차일까?

24층 4호의 벨을 누르자 아내가 반긴다. 딸애가 "호텔형 아파트"라며 마주 보이는 차창 밖을 손짓한다. "눈 덮인 저 오쿠라야마大倉山 전망대가 1972년 삿포로 동계올림픽 점프 경기장"이란다.

아내가 상을 차린다. '털게' 냄비다. 오호츠크해에서 잡은 이곳 명산이라서일까. 게살이 쫄깃하고 국물도 시원하다. 삿포로 맥주 한 컵씩을 들고 건배를 한다. '즐거운 여행이길' 바라면서.

그 이튿날이다. 이른 아침부터 눈이 펄펄 내린다. 솜덩이 같은 눈이 눈 위에 겹겹이 쌓인다. 온 땅이 하얗다. 그래도 "노보리베츠登別 온천장에 가는 날"이라며 딸애가 앞장선다. 삿포로역에서 고속버스를 탄다. 차창 너머로 펼쳐지는 눈, 눈, 눈~.

홋카이도의 중심 도시, 삿포로(인구 190만 명)는 일본의 최북단에 있어 다설지多雪地로 손꼽힌다. 연평균 630cm의 눈이 온단다. 그처럼 많은 눈이 어디서나 공평하게 내린다. 좋은 데 싫은 데를 가리지 않는다. 온 마을과 산과 들판을 골고루 덮어준다. 봄이면 스스로 제 몸을 녹여 싹 트는, 뿌리 뻗는 식물의 생명수가 된다. 티 하나 없이 깨끗하여 내 마음을 상쾌하게 한다. 그래서일까, 어릴 적 생각이 난다.

고향 영천永川에서다. 눈 오는 날이면 마을 친구들과 어울려 경쟁하듯 눈사람을 만들고, 눈을 괜히 친구에게 던져가며 즐기고, 눈 내리는 논에서 스케이트를 타던 생각이 난다. 눈발만 휘날리면 "풍년이 온다"라며 기뻐하시던 아버지의 모습이, 우리 집 장독대에도 눈이 소복이 쌓여 달빛에 반짝이던 그 밤이 지금도 눈에 선하다. 그런 추억을 더듬으며 2시간 반을 달려 버스는 노보리베츠 정류장에 닿는다.

택시를 타고 마을 입구에 들어선다. 수호신인 염라대왕과 도깨비상이 언뜻언뜻 보인다. 병풍처럼 둘러싼 히요리야마日和山(337m) 산자락이 지옥이다. 곳곳에 온천물이 부글부글 끓는다. 유황 냄새를 풍기는 뽀얀 연기가 차가운 기온에 흔들린다. 택시 기사가 여기가 "히가에리 온센(당일치기 온천)"이라며 차를 멈춘다. 다이이치 타기모도칸第一瀧本館이다.

그 호텔 안으로 들어선다. 어느덧 오후 1시 반이다. 출출한 김에 홀 안에 있는 삿포로 라면을 맛보기로 한다. 미소라면(된장라면, 800엔) 세 그릇이 상에 놓인다. 넓적한 도자기 그릇이다. 라면 위에 삶은 계란과 편육 같은 돼지고기 한 점, 그리고 가늘게 썬 파가 얹혀 있다. 조금 짭조름하나 면발이 쫄깃하고 진한 육수 국물이 구수하여 후루룩 마시듯 그릇을 비운다.

식사 후 현관에 닿으니 서너 명의 기모노 입은 인내원이 깍듯이 인사한다. 딸애가 "오후 3시 반에 이 자리에서 만나요"라며 제 엄마와 같이 여탕으로 들어간다. 나는 타올을 들고 남탕으로 다가가니 욕실 코스 안내판이 선택을 기다린다. '일반 건강 · 피부 피로 · 근육 피로 · 감량 코스' 별로 탕에 들어가는 순서가 정해진다.

나는 여독 때문인지, '근육 피로' 코스를 택한다. 혈행을 촉진하는 유황천硫黃泉, 산성천酸性泉, 증기탕, 기포氣泡탕, 노천탕 등을 한 바퀴 돈다. 특히 기포탕에서 눈 날리는 히요리야마를 내다보며 시간 가는 줄을 모른다. 탕에서 솟는 기포가 내 몸을 안마해준다. 몸은 따끈따끈하고 바깥은 차다. 내리는 눈을 보면서 자작 시를 읊조린다.

대지가 제 땅인 양 이불 까는 하늘 사도使徒
뭇 생명 잠재우고 눈뜰 때 물을 준다
온 세상 경계를 지워 통일 나라 이루네

가족과 약속한 시각이 금방인 듯 다가온다. 서둘러 밖으로 나오니 아내와 딸애의 얼굴이 뽀얗다. 살결이 한결 보드랍다. '역시 눈 오는 날엔 온천이 제격이구나!'

3일째다. 여전히 눈이 내린다. 애초 계획은 영화 '러브레타'의 촬영지이며 '첫사랑의 도시' 오타루小樽와 물질문명과 기술문명이 비껴간 듯한, 보석함같이 화려한 야경의 하코다테函館를 둘러볼 계획이었다. 하지만, 발이 푹푹 빠지고 보도마저 빙판이라서 택시를 타고 다닐 수 있는 삿포로 시내 관광을 즐기기로 한다.

그래서 삿포로 남부 에니와惠庭에 있는 삿포로 맥주 공장을 찾는다. 세계로 널리 알려진 맥주다. 안내원의 설명을 들으며 제조 공정을 본다. 350ml 캔 3억 4천만 개분의 보리를 사용한 맥아와 물, 호프 등의 엄선 재료가 대형 탱크 안에서 효모의 힘으로 발효된다. 홋카이도의 풍부한 보리와 맑은 물이 그 명성을 만들고 있다.

공장 견학 후, 갓 제조한 <삿포로 생맥주>와 <삿포로 클래식>을 시음한다. 눈 덮인 정원을 내다보며 마시는 시원한 맥주가 마음을 데우고 즐거움을 부풀린다.

4일째다. 삿포로 관광에서 빼놓을 수 없는 홋카이도 구청사舊廳舍를 들른다. 홋카이도의 상징이란 '빨간 건물(아까렌가)'이다. 숙소에서 네 블록 떨어진 가까운 곳이다. 신발에 아이젠을 끼웠지만, 살얼음판의 보행로는 미끄럽다. 발로 더듬는 듯 조심조심 걸으니, 마치 옛 서울역과 같은 빨간 벽돌 건물이 저만치 보인다.

등록 문화재다. 1888년 홋카이도 개척 당시에 지은 행정의 거점으로 남은 귀중한 유적이다. 지붕의 팔각 돔은 미국 메릴랜드주의 의사당을 본뜬 것이다. 홋카이도의 역사와 19만 점의 문서가 보존된 곳이다. 개척 당시의 모습부터 메이지明治 중기까지 이곳의 변천사를 둘러본다.

정원에는 중국에서 들여온 은행나무, 홋카이도의 원시림 소나무를 비롯한 백여 종의 수목이 잘 다듬어져 있다. 늙은 주목 가지엔 눈꽃이 소복하다. 저마다 살아온 내력을 말해주듯 명찰을 달고, 세월의 무늬를 그려가고 있다.

연못가에 서니 우르르 청둥오리가 몰려온다. 까마귀 떼도 나무에서 내려앉는다. 사방이 눈에 덮여 먹을거리가 없어서 내게 도움을 바라는 눈치다. 눈은 식물을 잠재우기도 하지만, 동물의 먹이도, 인간이 만든 저 지붕의 역사도 덮어버린다. 나처럼 이곳 사람들도 눈을 즐기니 보다. 한 해의 절반이 눈에 쌓여 있다지만, 재앙이 아닌 자연이

주는 선물로 여긴다. 추위에도 몸소 깨끗함을 보여주는 하늘의 사도使徒로 받아들인다.

지난 4일간 삿포로의 눈과 같이 한 여행이다. 도심 한복판에서 청설모도 보고, 달리는 버스에서 고향의 추억도 떠올리고, 온천탕에서 물 안마를 받으며 바깥 눈을 즐기고, 수없이 많은 눈꽃도 본 '눈의 여행'이다. 하지만, 벌써 서울이 그립다. 간사한 내 마음! 같은 눈이지만 서울 눈이 그리운 건 웬일일까? 지금쯤은 기다리던 눈이 내리려나. 돌아가면 눈이 펑펑 쏟아졌으면 좋겠다. 삿포로의 그 눈 눈 눈처럼.

단풍 앞에서

단풍이 절정이다. 이슬 맞은 단풍잎이 곱다. 눈부신 한 상의 훈장 같다.

그렇다. 공로 훈장 받을 만하다. 채 1년도 되지 않은 짧은 생을 살았지만, 계절 따라 제 할 일을 다 했으니. 아지랑이 아른아른할 때 봄바람 들어 나돌지 않고 연초록으로 제 몸을 살찌운다. 더위가 찾아들면 진초록 옷을 입고 햇볕을 마음껏 들이마신다.

광합성 작용을 하고자 해서다. 부단히 만든 양분을 모체母體에 나눠주는 효성이 지극하다. 뜨거운 여름 내내 성성껏 효도하고 늦가을 햇살이 누그러들면 더는 미련을 가지지 않는다. 제 역할을 다한 듯 고운 옷을 갈아입는다. 갈 채비를 한다.

찬바람 일면 먹거리가 부족할 것을 미리 짐작하고, 제 목을 뚝 자른다. 미련 없이 모체를 떠난다. 휘휘 날리면서 내릴 자리를 살핀다. 어디가 바람이 잘 들 곳인지 나름 판단하고 나서, 그곳에 살짝 내려앉는다.

어느 날인가. 북풍이 불면 그 바람 따라 어미 나무 곁으로 간다. 그 주위에 모여든 잎과 잎이 쌓여서 가을비라도 한 차례 내리면 온몸을 흠뻑 적신다. 스스로 뜨겁게 썩어가면서 어미 나무의 거름이 된다. 세 계절의 삶이지만, 거룩한 일생이다. 훈장을 받고도 남을 효성이다. 짧은 그의 삶이 돋보인다.

나는 지난 봄여름, 아니 내 청춘기에 무엇을 하였을까. 광합성 작용을 하여 양분을 어머니께 건넸는가. 남다른 성취라도 하여 은혜에 보답했는가? 그 어느 것 하나도 해드리지 못했다. 양분과 은혜를 받기만 한 삶이었으니, 염치없다. 어느덧 인생 가을에 접어드니, '단풍의 삶'을 보니 먼 나라에 계신 어머니께 새삼 면목이 없다.

'살아계실 때 잘 섬기세요'라던 말이 머리를 두드린다. 제 할 일 다 하고 어머니의 밥을 축내지 않으려고 훌쩍 떠났다가, 다시 돌아와 모체의 거름이 되는 단풍 앞에 머쓱하다. 부끄럽다. 불 끈 방에 혼자 있고 싶다.